Hautfunkeln

HAUTFUNKELN

Erotische Phantasien und Geschichten von Frauen
herausgegeben und verlegt von Gudula Lorez

Originalausgabe

Satz: Maschinensetzerei Peter von Maikowski, Berlin
Druck: Martin Dürschlag, Berlin

ISBN 3-922391-02-8

Über zweihundert Frauen haben diesmal geschrieben — Gedichte, Geschichten, Phantasien und Märchen. Viele von ihnen haben noch nie veröffentlicht. Die Auswahl fiel mir nicht leicht.

Annette hat mich ermutigt, einen zweiten Band von
WO DIE NACHT DEN TAG UMARMT zu wagen.
Sonia schenkte dem Buch seinen Titel — in letzter Minute.
Ulrike hat Korrektur gelesen.
Doris half mir im Büro beim Verträgeschreiben und Beantworten der vielen Post.
Und ich? Ja, ich habe mich sehr gefreut, dieses Buch zu machen.

Gudula Lorez

Jill Vaudeville

»Jagd nach Liebe ist Hohe Jagd«

Besuchen. Auf die Suche nach ihm gehen, wie problematisch das plötzlich ist. Unten am Hauseingang krame ich alles auf Sichtweite nach einem Omen ab. Was kann es nur bedeuten, daß so wenige Autos vor dem Haus parken? Vielleicht niemand da. Vielleicht die Falschen. Aber ich bin strahlend heute, stark und schön und zielgerichtet. Laß doch die Autos, ist egal, jetzt einfach klingeln. Ich läute meinen Auftritt ein. Ein strahlendes Klingen, das sich im ganzen Haus ausbreiten soll, das auf mich und nur auf mich hinweisen soll. Und wenn er nicht allein ist? Egal. Und wenn ich unerwünscht bin? Egal.

Ich will besuchen. Sein Bild wird sonst schwach werden, sein Bild, das in Kopf und Seele und Körper lauert, um an den unmöglichsten Stellen und zu unverzeihlichen Zeiten hervorzuspringen — in der Gemeinschaft mit anderen zum Beispiel — sein Bild wird weiter lauern und wüten und mich zur Sehnsucht verpflichten und doch verblassen, an Konturen verlieren, wenn ich ihn nicht besuche. Wenn nicht sofort das Klingeln beantwortet wird.

Jetzt stehe ich vor seiner Zimmertür, immer noch klebt eine Warnung daran, daß frisch gestrichen worden sei. Stets erwarte ich darauf, ein Verbot zu stören, oder einen flüchtig hingekritzelten Liebesgruß, der nicht mir gilt. Wie eifersüchtig ich auf diese Wohnung bin, die keine Spuren von mir trägt. Was, wenn ich heimlich auf der weißen, weißen Wand etwas schreiben würde? Oder meine Zigarette auf der weißen Tischplatte ausglühen ließe? Vielleicht sollte ich Geschenke machen. Die Wohnung mit Luxus bestechen, sie korrumpieren. Dann wäre ich präsent, die Wohnung würde zu mir halten, ihn an mich erinnern. Kein Foto, nein, nicht so etwas Plumpes, Verletzliches.

Eine Extravaganz müßte her. Sehr weiße Bettwäsche zum Beispiel, ein Seidenkissen, ein schönes Glas. Oder eine Kaffeemaschine. Her mit den Dingen, die einen Puffer um mich bilden, mich beschützen, ohne mich zu verstecken, die von einer raffinierten Neutralität sind und die doch immer ganz weibchenhaft »hallohallo« sagen. Optimistisch gehe ich hinein. Jetzt keinen Schwebezustand, jetzt aufgepaßt und gelächelt, was das Zeug hält. Er schaut mich an und macht dicht, ich merke es sofort. Dünn und schief steht er da, gesättigt mit sich selbst, mit Verdruß, mit Drogen, mit Starrsinn. Den soll ich aufknacken?

»Wie geht's?«, »es geht«, »mir auch nicht«, »aber dennoch«, »ich dachte mal einfach so«. Masochistischer Blick zum Bett, immer noch diese ab-

scheuliche Bettwäsche mit Herzchenmuster in Orange. Um Gottes willen, was mache ich hier?
Wir plänkeln ein bißchen mit Wörtern hin und her und bewahren die Form. Du sollst mich wollen, ich bin gut für dich, das Beste, befehle ich stumm und spreche währenddessen von dem, was ich so in der Zwischenzeit gemacht habe. Nein, es geht dir wirklich nicht gut, denke ich, und möchte ihm eine Suppe kochen, oder einen Schal um den Hals legen und bin plötzlich selbstvergessen. Ungeschickt meldet sich mein Gedächtnis, weist auf eine Nacht hin, die Liebe war, und ich verzeihe seine Dummheit, seine Gleichgültigkeit, seinen sorgfältig vor mir errichteten Schlagbaum und bin nur noch weich. Bevor aber mein zerbrechlicher Auftritt völlig zusammenbricht, mache ich Bemerkungen über meine neue Frisur, ob er sie bemerkt hat, wie sie ihm gefällt, ob nicht mein ohnehin außergewöhnliches Gesicht jetzt nicht noch mehr ... Wir können ablenken.
Freundliche kleine Köder muß ich dennoch auslegen. Ich strecke mich sehr, volle Länge, um unsere Ähnlichkeit miteinander hervorzuheben. Lasse die Hände beiläufig und doch intim in der Nähe seiner Hände. Spontan ist nichts, aber die Kunst ist auch ein Liebesbeweis.
Ein wenig macht auch er mir den Hof, kurzatmig und unkonzentriert zwar, aber immerhin. Er will freundlich sein, gibt sich Mühe. Ich lobe seine gute Kinderstube laut und bin innerlich plötzlich völlig entspannt.
Das Licht ist auf meiner Seite. Fällt weich ins Zimmer, weist auf den Abend hin, ist intim. Eine Kerze her, auf keinen Fall die Lampe anmachen, lieber selbst die Augen leuchten lassen. Freundschaftliches Handhalten. Jeden einzelnen Knöchel küß ich. Meine Reverenz, milord my lover.
Er lächelt über meine Art, entscheidet sich gerade, daß eine so durchsichtige Ironie keine gefährliche ist und klimpert huldvoll mit getuschten Wimpern. Wenn er lächelt, sieht er aus wie ein Bengel mit Segelohren und zwangsgeschrubbtem Hals. Ein bißchen häßlich, ein bißchen harmlos, heil. Voll von dem eigenen Charme. Ich muß nicht die liebe Mutter Krankenschwester sein, nein, aber zum Lächeln mag ich ihn dennoch gerne bringen.
»Übrigens, ich habe einen neuen Baß.« »Tatsächlich?» »Ja, da in der Ecke.« Er strahlt das Instrument an, stolzer kann keine Braut heimge-

führt werden. »Ich spiel dir was vor!« Eine weitere Huld, denke ich, mein Glückstag. Wundere mich über die reizende Klarheit meiner Wünsche: Da Sein! Lächeln! Gut Tun!
Rührendes Spiel im Halbdunklen. Mann macht unerhörte Musik, Frau murmelt Zaubersprüche. Hochgestimmt besetzt sie die Stätte.
Wie schmeckt er eigentlich noch, grübel ich, weil ich merke, daß mein Sinn fürs Sinnliche sich nicht verziehen will. Ich lauere ihm auf, werde feister und feister, bis daß das Zimmer — 3 x 4 Meter — voll von mir ist. Er müßte sich schon an den Wänden entlang schlängeln, wollte er sich meiner entraten. Aber er will ja nicht.

Magnetisch. Ich könnte die Augen schließen und wüßte sofort, wo er steht. Eine Glut, die unweigerlich bei mir landet, sich verfängt, mich wärmt. Mehr als das. Wir schauen uns an, und dieser Blick geht durch alle Mauern, bringt die Erde zum Stillstand, ferne Sonnensysteme glühen auf. Mehr als das. Wir atmen Mund an Mund. Ich bin Königin, und wir sind in der Zwischenwelt, wo du mir Mann und Frau bist.
Die Kleider schmelzen herunter, selten war Haut so feierlich. Wir verstricken uns ineinander, wer wüßte noch, was dein und mein ist, wen interessieren noch Geben und Nehmen, Begehren und Entspannen. Eins und eins sind mehr als zwei, sind Prinzip, Leidenschaft, Essenz.
Wir vögeln, ganz umschlungen, Auge in Auge, eine Hand in Achselhöhle, Finger im Mund, Möse und Glied und Glied und Möse. Wir lecken, wir implodieren, wir explodieren, wir liebkosen, wir staunen, wir rasen, wir seufzen.
Gelegentlich schlafen wir ein, geben dabei keinen Zentimeter Nähe auf. Schlafender, wie schön du bist, milchig ist dein Gesicht, und die bläulichen Schatten stehen dir gut.
Wachwerden und küssen. Kleine Maunzgeräusche machen, die Glückseligkeit signalisieren und doch so dicht beim erneuten Hunger aufeinander liegen. Meine Augen feiern seinen Rücken, ein schönes V, alles ist in diesem Rücken zu lesen. Seine Verspannung, seine Hoffnungslosigkeit, seine Schmerzen. Sein Narzißmus, sein Selbstmitleid, seine Aggressionen. Seine Fragilität, seine Leidenschaft, seine Hingabe. Jeden Zentimeter möchte ich segnen. Aussaugen möchte ich jeden Zentimeter.
Wieder anschauen und lächeln. Und wenn er mit seinen Fingern in mei-

ner Möse Liebe macht, schau ich ihn weiter an. In meinen Augen dieselbe flimmernde Hitze, dieselbe feuchte Gier wie zwischen meinen Beinen. Die Welt verdunstet in unserer Hitze, alles andere verschwimmt. Darum kann ich nicht weniger als alles sein.
Ich lieb dich, möchte ich hunderttausendmal sagen, und mein trockener Mund vermag nur seinen Vornamen zu flüstern, und ich lege meine ganze Seele hinein.

Monica

Scherenschnitt

Die Luft färbt sich blau zwischen den Häusern. Die Straße ist voll von geschäftigen Menschen, Kinder spielen mit Eifer der Dunkelheit entgegen. Die Vögel beginnen ihren Dämmerungsgesang.
Um diese Zeit geht Mona ins Café.
Sie wählt einen Tisch in der Mitte des Raums, bestellt Melange und raucht.
Mona ist schön.
Weit zurückgelehnt sitzt sie da, die Beine von sich gestreckt, betrachtet und läßt sich betrachten, gibt sich ganz der *blauen Stunde* hin. Langsam wendet sie ihr Gesicht der Reihe nach den Gästen zu.
Plaudernd sitzen Leute an kleinen Tischen, einander zugewandt weben sie aus Wörtern dichte Tücher, sind von den anderen durch sie getrennt. Hände fahren auf, Haare fallen in Gesichter, Lippen wölben sich nach vorn. Schmal und bleich liegt der Arm der blonden Frau auf dem schwarzen Sakko ihres Freundes wie ein vergessenes Requisit. Sie lacht und beugt den Oberkörper vor, ihre Wange streift sein Kinn.
Die Luft ist schwer von heißem Kaffeeduft, Parfüm und Zigarettenrauch.
Monas Augen wandern, ihr Rücken räkelt sich im Stuhl.
Musik kommt leise, unbestimmt, die Klänge wehen einzeln wie Gazestreifen durch den Raum.
Vorn am Fenster ein Mann allein, in ein Magazin vertieft.
Monas Blick macht halt. Schattenriß gegen das Frühabendlicht, mit den Augen zeichnet sie die herben Linien nach.
Jetzt blickt er auf, dreht seinen Kopf zu Mona hin. Ihr Blick hält stand, der Mann erhebt sich. Unhörbar über den Teppich kommt er heran. Monas Augen starren auf die Spitzen seiner Schuhe, sie heften sie an den Moment.
Ohne hinzusehen greift sie nach den Zigaretten, die Finger folgen ihren Wünschen kaum. Das Feuerzeug, die Flamme, da ist der Mann bei ihr. Er beugt sich vor, ein Zigarillo ragt aus seinem Mund. Langsam zieht er die angebotene Flamme zu sich hin, atmet tief den Rauch in sich hinein und öffnet mit der anderen Hand Monas Hose, schnell und geschickt.
Der Slip ist zu sehen, rosa zwischen dunklem Grau, und ein Stück von Monas Bauch. Sie erstarrt. Der Mann tritt vor sie hin, hockt sich zwischen ihren Beinen nieder, streift ihre Schuhe von den Füßen.

Seine Daumen kreisen in der Wölbung, Finger ertasten ihren Spann. Mona schluckt gegen den Druck in der Kehle.
Hoch und höher hinauf im Hosenbein verschwinden die Hände, im Aschenbecher qualmt die Zigarette, der Ober bringt endlich die Melange. Interessiert bleibt er stehen, betrachtet den kauernden Gast. Der hat derweil von irgendwoher eine kleine Schere in seiner Hand und beginnt, die Innennaht entlang, Monas Hose zu zerteilen.
Am Knöchel, am Knie, den Schenkel herauf fühlt sie die Kälte des Metalls.
Und während der Kellner auf den Tisch gestützt sein begehrliches Gesicht näherbringt, beginnt der Mann sein Werk am anderen Bein.
Monas Augen fixieren einen Punkt an der Decke, ihre Zunge liegt regungslos im trockenen Mund, aus ihren Händen weicht alles Blut.
Kitzelnd fällt der Stoff zur Seite, Mona ist bloß, bis auf das winzige Dreieck, wo das Gewebe dreifach, die Nähte dick und schwer zu schneiden sind. Doch der Mann läßt sich nicht hindern, mit einem Ruck zertrennt er die Hose ganz.
Drei Blicke ruhen jetzt auf Monas Slip, unter dem dunkel Haare kräuseln.
Rundherum stehen langsam die Gäste auf, schauen auf den Mann, der vorsichtig, als sei er eine zweite Haut, den rosa Stoff von Monas Bauch abzieht, bis das Metall sie nicht verletzten kann. Entschlossen zerschneidet er den Slip.
Die Gäste kommen näher, der Mann nimmt seinen Hut vom Kopf. Braune Strähnen fallen seitlich in die Stirn, bewegungslos sitzt Mona in den Fetzen ihrer Kleidung, bis zur Taille nackt.
Die Hände des Mannes fassen die Schenkel entlang nach dem Arsch, heben ihn hoch und bringen Mona näher heran. Halb hinter ihr steht jetzt die blonde Frau. Allmählich und sanft schiebt sie die Hand über Monas Schulter hinweg in den Pullover hinein. Kühl tasten die fremden Finger nach Monas heißer Haut.
Der Mann reicht die Schere zur Komplizin hinauf. Schnitt für Schnitt wird die Wolle zerlegt, ihre fransigen Ränder geben Monas Brüste frei.
Unter den Blicken der anderen werden die Warzen hart, das duftende Haar der Frau streichelt Monas Gesicht, weiche Lippen saugen an ih-

rem Hals. Ihr Schlitz spürt die Augen des Mannes wie einen Fingerdruck, langsam wird ihre Möse feucht.
Der Kreis der Gäste rückt enger zusammen, Hände beginnen, fern von ihr, zu zucken, schlaff und naß würde sie gern vom Stuhl auf den Boden fließen. Doch der Mann hält sie fest und sieht sie nur an. Mona besinnt sich, Mona will fliehen. Sie sucht nach den Kräften für einen entschlossenen Sprung. Da legt der Mann seinen Mund auf ihr brennendrotes Fleisch und fängt an, ihren Saft zu trinken.
Mona vergeht, Mona gibt es nicht mehr, zurück bleibt ein Punkt in der Schwebe.
Hellblaue Hügel wachsen da, wo Mona einmal war, verschmelzen zu einem riesigen Berg, den ein Vogel umkreist, eine Welle umspült und verläßt, bis sie unter den Sternen und Blitzen des freien Falls im Absturzblau vergehn.
Matt sickert Lampenlicht über den Tisch.

Gabi Naumann

sommernorwegen. kleine sonne im bauch will strahlen.
große riesige lust auf mich
unterwegs im alten weißen hexennachthemd
barfuß durch sumpfmoosgras fliegen. suche meinen platz.
außenlandschaften inmirlandschaften
zärtliche kleine blumen
hallo! will rufen tanzen springen lachen schreien LIEBEN!
sonnenwärme von oben und von unten
wind in my heart
verwegene luft zittrige feuchtigkeit
wildes hautleben
mich in mich einlassen. der wind wagt munter den seiltanz
auf grünem duft. treiben ohne angst.
rein und rauslassen
ankommen am wasserfall bin wasserfall fließend weich
jeder einzelne tropfen
mein körper nackt und warm
lasse mich ins wasser fallen kuhl voller aufregung
und erfahre jeden körperplatz neu. leichte strömung zwischen
meinen beinen.
bin ich da
bin ich wasser
aufgehobene körperlichkeit und doch voll genauem gefühl
versuche meine linien zu erfahren faltig haarig buchtig
weich und hart und nachgiebig
körperlandschaft
die klitoris ein ganzes weltall wo
sterne tanzen
hab meine hände überall zugleich hab tausend hände plötzlich
und noch immer nicht genug.
als ich aus dem wasser klettre lockt das gras
zwei kleine zarte sonnenstrahlen für jede brust
mich jetzt anfassen berühren liebkosen streicheln fühlen
tasten schmecken beschnuppern ansehen
meine hände voller lust auf abenteuer
mein körper lebt atmet freut sich
spüre ganz deutlich offene begierige sehnsüchtige möse

fühlt sich heißfeucht an

mmmmmmmmmh!

kleine dunkle brustwarzen gucken hervor und wollen
beachtung. mich jetzt liebhaben.
wiesel in mir lebt auf
bin plötzlich achterbahn nur noch empfindung erregung ich rausche
schwebe auf einer tiefen wolke davon
tolles großes becken hüpft kneife meine backen fest zusammen
die beine weit geöffnet möse guckt nach vorne
eine hand an beiden brüsten abwechselnd
knipst zärtlich an den harten knubbeln
andere hand streichelt nach unten sehr langsam
über kleine hügel und buchten zieht irgendwann leicht die warmen
lippen auseinander
wunderland immer wieder
alles in aufruhr voller bewegungen
schreie einfach laut in den himmel raus
reibe sanft meine ganze möse jedesmal aufs neue eine
entdeckungsreise
immer schneller es fängt an zu rasen abheben wasserfall
so wahnsinnig schnell jetzt alles weg — nur ich da
zusammenpressen hineinatmen
ich bin körper
leichte vorahnungen ankündigungen plötzlich so doll
schlägt mir den kopf zurück kanns kaum leben
aushalten und
sanftes abklingen noch zucken schließlich ruhig und erschöpft
daliegen voller kraft. bunter himmel über mir. ich liebe mich.

Viviane Fux

Einmal geliebt zu werden ... oder hast du je den Schwarzen geküßt?

Ich wachte auf aus dem so lieblichen Schlaf, der nach bitteren Träumen schmeckte.
Guten Morgen, sagte die Schwester, eingehüllt und fest verschnürt in weißem, sterilisiertem Stoff. Sie öffnete das Fenster, ob das nicht eine herrliche Luft sei, wollte sie von mir wissen. Ich atmete den schweren Sauerstoff mit leicht geöffneten Lippen ein, aber er entwich meinem Körper wieder durch die Öffnungen meiner Nase. Wozu habe ich eigentlich diese beiden Nasenausgänge, damit alles — dazu entscheide ich mich schließlich freiwillig — was ich in mich aufnehme, dann sogleich wieder von mir fortströmen kann?
Wie fühlen wir uns denn heute? die Schwester lächelt mich an, und beim Hinausgehen zeigte sie mir ihren Knoten, der ganz steif an ihrem Hinterkopf klebte.

Ich schaue auf die gelackte Tür mit dem großen Griff, der jeden Tag von dem eingeweichten Wischlappen gestreichelt wird.
Sauberkeit ist alles, sagte meine Mutter immer zu mir und wischte die grauen Schatten von meinen Augenlidern. Damals fühlte ich mich jung und fand, daß etwas grauer Puder mich doch erwachsener schminken könnte.
Heute sehe ich mich im Spiegel, der über dem Waschbecken hängt und glaube, eine dicke Brille zu tragen mit fehlendem Obergestell; die Ringe unter meinen Augen sind schwer geworden.

Die Geräusche der umherjagenden Ärzte und Schwestern — sie arbeiten bestimmt gut zusammen, die in ihren weißen Uniformen — dringen aus dem Flur zu mir. Die gelackte Tür mit dem liebkosten Griff steht geschlossen, aber sie läßt einen Spalt zwischen Füllung und Boden frei.

Wo bleibst du, laß mich nicht warten. Ich brauche deine Liebe und deine Kraft. Ich bin jetzt so müd und mein Körper wird zur Last, schnell, so weck mich doch.

Der Gesang der Vögel dringt durch das geöffnete Fenster, schwillt an, hüllt mich in eine Glocke ewiger Klänge, die sich schwingend meiner annehmen möchte, doch halt an, ich kann nicht mehr.
Die Schweißtropfen schmieren meine Haut, lassen Fältchen unsichtbar

werden und schmilzen dann zu einem dünnen Film zusammen, der mich fast am Zittern hindert. Langsam, mit immer größer werdenden Schwingungen, lösen sich die ewigen Klänge von meinen angespannten Körperteilen. Die Haut zwischen meinen Schenkeln ist ganz fein und glüht vor Erregung.
Wußtest du, daß die Ewigkeit so lange währen kann? Hat der liebe Gott die Erde geschaffen, dann du das, was darunter liegt.

Jetzt spüre ich, wie die Spannung aus mir weicht und ein süßlicher Geruch von meinen Nerven erfaßt wird. Endlich! Der gelbe Rauch drängt sich durch die Ritzen in mein Zimmer, quillt und kräuselt sich an den Wänden empor — nur so mögen Wirbelstürme aussehen. Wie angenehm ich das finde, dieses leichte Kribbeln und Prickeln deines Geruchs in meiner Nase.
Meine Haut ist glitschig, sie blubbert wie eine heiße Quelle, um dann in kleinen Bläschen zu erstarren. Öffne sie doch wieder mit deinen langen Krallen, liebkose mich.
Ich möchte schreien vor Lust, doch noch will ich warten auf dich.

Meine Haare sind gewachsen, werden noch länger, deinen Körper umschlingen, du hast es gern warm. Der Knoten am Kopf der Krankenschwester ist viel zu hart, geh' nicht zu ihr, versprich mir das.

Komm doch, laß es uns treiben.
Ich spüre das Funkeln deiner Augen, das Tasten deiner Krallen an meinem Schoß, und meine Lunge füllt sich mit dem gelben Rauch. Der Geruch wird stärker, will mich fast verstopfen, aber meine Brüste bleiben frei, schaukeln im Rhythmus deiner kreisenden Bewegungen. Gib mir deinen Schwanz, ich will ihn lutschen, tasten mit der Zunge nach den harten Haaren.
Faß mich bitte, rühr mich an. Mein Körper zuckt bei deinen Berührungen, die Haut gibt nach, gereizt durch deine Krallen, springt auf und läßt den warmen roten Lebenssaft in deine geöffneten Poren sich ergießen.
Das schuf dir neue Kraft, zu vernichten das, was Gott wer weiß einmal schuf.

Du bist gleich ganz in mir, mein Bauch, der bebt, der ist so voll, und nun gleiten wir gemeinsam, stampfend und dröhnend, schwitzend und stöhnend, hinab in die Welt.
Du kannst mich wirklich lieben, wie kein Engel es vermag. Ich küsse dich und du trinkst von meinem Blut.

Als ich erwachte, wunderte ich mich über die schwarzen Streifen, die meine weiße Haut ganz fein durchschnitten.
Guten Morgen, sagte die Schwester und schloß das Fenster.

Auf ihren langen Haaren tanzte die Sonne, und auf ihren Lippen lag ein diabolisches Grinsen.

Gudrun Friolet

MIR STOCKTE
DAS BLUT UND
DER VAMPIR
DER MIR GRADZU
AM HALSE SASS
MEINTE
DAS HABE ER
BEI GOTT
NICHT VERDIENT
ABER
ER KÄME DANN
MAL EINE ANDERE
NACHT RÜBER UND
ÜBER MICH
WENN ICH
FLÜSSIGER WÄR

Ulrike Edschmid

Das Häkchen

Von Ulrike Edschmid erschien 1977 bei der Frauenoffensive München
Ich bin ein faules Lenchen — du auch?

Am Ostersonntag, als ich Sebastian zum Trampertreffpunkt nach Dreilinden gebracht hatte, wollte ich nicht zurück in die leere Wohnung. Von der Brücke aus sah ich, wie er mit seinem Seesack und dem Schild auf die anderen Tramper zuging und sich unter sie mischte. Ich war vom Abschied traurig und fuhr zu Gudula. Wir saßen uns an dem Glastisch am Fenster gegenüber und tranken Tee. Ab und zu blickte ich nach draußen, beobachtete besorgt den Wechsel von Schneesturm und Regen und wärmte mich dann wieder an ihrem maisgelben weichen Pullover und ihren von einer Asienreise gebräunten Armen.
Nachdem wir einige Stunden mit wachsender Schonungslosigkeit über Männer, Frauen und ehemalige Lieben hergefallen waren, dann erschöpft und vom Reden heiser in der Küche Spargel gekocht hatten und schließlich beim Kaffee und der letzten Zigarette angelangt waren — bevor ich nach Hause gehen und endlich ein Bad nehmen wollte, erzählte ich ihr folgende Geschichte:

Einige Zeit, nachdem ich geheiratet hatte und mein Sohn Sebastian geboren war, hielt ich mich mit meinem damaligen Mann im Hause seines Vaters, des Schriftstellers K. E., im Park Rosenhöhe auf. Angekündigt war der Besuch von Claire Goll, die in einer Buchhandlung aus den Gedichten ihres Mannes, Ivan Goll, lesen sollte. Fünfundsiebzig sei sie und sehr eigen. Der Teetisch war gedeckt, das besondere Gebäck besorgt, das Gästezimmer hergerichtet, sie würde im Hause übernachten. Sie kam, klein, zänkisch und schlechtgelaunt, trank keinen Tee, aß kein Gebäck, legte sich ins Bett und schlief. Nach einigen Stunden erschien sie gestärkt und ausreichend erholt, um den Mann, den ich ein Jahr zuvor geheiratet hatte, in Augenschein zu nehmen. Schön sei er und groß und blond und Locken habe er, wie der Johannes von Donatello. Ob mir das denn noch nicht aufgefallen sei oder ob ich vielleicht noch nie in den Uffizien gewesen wäre? Und wie er sie in seinem VW herchauffiert hätte vom Flughafen ... Ich sei also die Frau, nun ja, in Paris, da habe sie einen Geliebten, der auch fünfundzwanzig sei und seine Frau, die habe sich gerade umgebracht, aus dem Fenster gestürzt, ihretwegen, Claire Goll. Da hockt sie zwischen den Bücherregalen an einem kleinen Tischchen, eine rote Perrücke, der Lippenstift schmiert in den Rillen ihres bitteren Mundes. Sie tratscht und feiert sich, die Frau, der Rilke nach der ersten Liebesnacht eine Ikone schenkte, die sie immer noch besäße, die Frau, der Ivan Goll noch auf dem Sterbebett eine Affaire mit Konrad Wolf vorgehalten habe. Sie giftet. Zerfetzt und richtet Paul Celan, der die Gedichte ihres Mannes gestohlen habe. Sie ist als Rachegöttin gekommen. Eigentlich erinnert sie mich an meine Großmutter, die morphiumsüchtig war und zwischen Bergen von alten Zeitungen ihre ätzende Erinnerung wachhielt. Die vergaß auch nie. Ob ich denn nicht eifersüchtig sei, fragt sie am nächsten Morgen, wenn er, mein Mann, sie zum Flughafen fahre? Nein, sage ich und lasse sie mühselig auf die hintere Sitzbank des engen Autos klettern.

Die Jahre vergehen, mein Sohn wächst heran, die Ehe ist längst geschieden. In der Wohngemeinschaft streitet man sich, wer den *Stern* zuerst lesen darf. Es ist die Zeit der Serie über »die vergessenen Dichter«, die Woche mit Claire Goll.
Das Foto nimmt die ganze Seite ein, die geschmacklose modische Schirmmütze, der Kunstledermantel mit Nerzkragen, diese fürchterliche Brille vor dem Geierblick. Natürlich sitzt sie auf einer Bank, auf der sie schon mit Rilke gesessen hat. Um den eingefallenen bösen Mund spielt ein langer Triumph. Sie hat alle überlebt! Die alte Hand umfaßt den Träger ihrer Umhängetasche.

Ich springe auf und durchwühle meinen Schmuckkasten — der Ring mit dem Onyx und dem Diamanten, es war mein Ehering. Er hatte ihn damals aus einem der alten Frackknöpfe anfertigen lassen, für meinen kleinen Finger. Das winzige silberne Häkchen, das die Einfassung schließt, sollte nicht genau über dem Ring stehen, keine Parallelitäten, leicht versetzt sollte es sein, so als ob es sich dort zufällig befände. Der zweite Knopf hatte immer in dem Kästchen gelegen. Irgendwann wollte ich mir daraus einen Ring für den mittleren Finger machen lassen, denn eigentlich war der schwarze Stein für meinen kleinen Finger ein wenig zu groß. Aber ich dachte gerne daran, wie er damals beim Juwelier auf der Kuppe seines Fingers maßgenommen hatte mit dem kleinsten Messingring. Diesen Ring wollte ich nicht umarbeiten lassen.

An der alten faltigen Hand finde ich das Häkchen leicht versetzt.
Wenn ich weiterblättere, sehe ich sie nackt auf einer Terrasse liegen. Sie ist schön, ihr Schoß ist weich und breit, die Härchen bilden ein feines,

sanft gewölbtes Dreieck zwischen ihren geschlossenen Schenkeln. Sie liegt auf einer Matratze und sonnt sich. Das Weinlaub wirft zarte Schatten auf den Steinboden und ihren Körper. Sie liegt, als ob sie die Schenkel gleich öffnen würde für den, der sie photograpiert, für Rilke, Ivan Goll oder sonst wen. Auf der nächsten Seite aber sitzt die Alte auf einer Bank im Jardin de Luxembourg, mit meinem Ring an der Hand. Das Häkchen trägt sie auf der Innenseite, Richtung Daumen. Ich mochte es lieber an der Außenseite.

Brigitte Oelschinski

Für Judith-far

Frühe Sonne, Mitte des Monds

Im Aufwachen schon alles anders
die Augen anders, ich suche, sehe nur
was rund ist, warm und weich
Buchrücken und Wände, die Bilder, die
Pflanzen und Fenster wölb ich mit diesen Augen
anders die Sinne, die Nerven, ich hör
eine schwingende Luft, gebogene Töne
warmes Licht rollt in den Händen mir
und alles Lebensgefühl findet sich, fließt
in meinen Brüsten, weich und warm und rund
ich bin meine Brüste, bin sie ganz

So im blasser werdenden Morgendunkel noch lange
liegen mit ihm, schlafwarm, die Körper
wie einander zugewachsen in der Nacht
Schlafverstörter, Schlafschöner
mit den taumeligen Augen, runder
runder Mund küßt und murmelt und
schlafschlafschlaf gräbt er den
schweren Kopf mir tiefer in den Arm

Aus dem bleichen Fensterbogen fällt eine
Sehnsucht herab und wächst groß . . .
ein Kind halten, ein Kind, das an mir
liegt, ein atmendes, saugendes Kind
an meinen Brüsten

Wacher, spür ich, wird da der Kinderäugige, sind
seine Hände an meinen Brüsten, seine Lippen
saugend, sein Geruch, sein Haar, sein
ganzer Leib samtheiß um meine Brüste
wir sollten

Wir werden
eine eigene Erotik erfinden für diese
Brüste, kreisende gewölbte Gefühle und Worte
ich will mit
Augen, mit Worten berührt
werden und die Augen, die Worte übergehen
fühlen in Hände, Bewegungen, Lippen

Mein Körper ein großer glühender Bogen
weich und rund und kreisend
und des Purpurhaarigen Blick, Beben
Schaudern dem hingegeben, ich will ihn
behexen, bis er begreift und begreift und
begreift und sein Fühler wie ich wird
ein Suchen und rundes Feuer und Kreisen
und wir ein einziger Bogen

Wie sie sich dehnt, sich wirft
die frühe Sonne dort oben —
wie sie tanzt!

Doris Rector

Liebestraum

Sie wußte genau, daß er der einzige war, dem sie sich so zeigen wollte. Tagelang hatte sie in ihrer Phantasie alles durchgespielt und auch eine Generalprobe genoß sie besonders.
Das Kleid. Selbstgenäht. Hauteng das Oberteil. Das Brustteil extra ausgearbeitet und etwas plissiert, so daß ihre Brüste wie in einem bequemen BH darin liegen. Und dann — von der Taille ab der weite fließende Rock. Alles aus weichem glatten Stoff, der den Rock wellenförmig sich an ihre Beine schmiegen läßt, beim Gehen und beim Drehen einen weiten Kreis bildet, in dessen Mittelpunkt ihre Beine zu sehen sind. Und mehr.
Das Muster des Kleides gleicht mehr einem Gemälde in Rot-blau-weiß-Schattierungen. Diese Farben lassen ihre dunkle Haut noch bronzener erscheinen. Um ihre Taille noch zu betonen, trägt sie einen türkisfarbenen Stretchgürtel, der sie insgesamt ein kleines Stück größer erscheinen läßt und damit ihre Beine länger.
Er liebt Frauen-Körper, besonders unterhalb des Nabels. Das hatte sie schon mit ihm erlebt. Des öfteren hatte er Andeutungen gemacht, daß er noch mehr Lust auf sie hätte, wenn sie einen Rock trüge. Das wußte sie, daß er immer dann darauf ansprach, wenn er ans Ficken dachte, und ihre langen Hosen ihn hinderten, an den von ihm begehrten Teil ihres Körpers direkt zu gelangen.
Die rosa Strümpfe aus dünnstem Material, der rosé Strapsgürtel, ganz schmal und mit kleinen Rüschen. Nicht gerade aus einem Sex-Shop, aber dafür, daß sie jahrelang nur Kniestrümpfe, Socken oder dicke Strumpfhosen getragen hatte, findet sie sich doch sehr mutig.
Lange hat sie überlegt, ob sie wohl einen Slip oder lieber nicht? Aber, als sie dann vor dem Spiegel stand und den Rock hob und sich drehte, so daß ihre Beine bis zu ihrem schwarzen Dreieck sichtbar wurden, wußte sie, daß sie keinen tragen würde.
Es ist alles vorbereitet. So, wie sie es sich immer wieder gewünscht hat. Eine Flasche Martini, weiß. Endlich mal wieder Eiswürfel im Kühlschrank. Sie hatte daran gedacht, daß sie für diese Situation gern einen Butler hätte und sich selbst dabei belächelt. Aber für sie ist ihre Aufmachung so etwas besonderes, daß sie meint, ihn in halb liegender, halb sitzender Stellung von ihrem Bett aus begrüßen zu müssen.
Das Gerücht, daß er seiner damaligen Frau in einem Brief aus Kopenhagen angeboten hatte, ihr Strapse mitzubringen, die sie anziehen

müßte, wenn er sie wieder lieben sollte, an dieses Gerücht hatte sie sich sofort wieder erinnert, als sie sich vor einigen Wochen trafen. Und ihr erstes Zusammensein, ihr erster Fick auf dem Damenklo ihrer gemeinsamen Stammkneipe und die Aufmerksamkeit, die er besonders ihrer Möse widmete, läßt sie nicht daran zweifeln, daß es ihm gefallen wird, was sie plant.

Bei der Generalprobe ließ sie sich auf ihr Bett in unterschiedlichsten Stellungen fallen. Mal schob sich dabei der Rock bis über ihren Hintern hoch und ließ einen Blick auf ihren Arsch frei; ihre geraden, gut gewachsenen Beine, die sie in den letzten 15 Jahren außer im Bett oder im Urlaub nur in Hosen präsentiert hatte, vollendeten die Linien ihres Körpers. Sie setzte sich mit dem Rücken gegen die Wand, die Beine breit und angewinkelt, so daß der Stoff über ihre Knie zwischen ihre Beine fiel. Sie schloß die Augen und stellte sich vor, wie er — vor ihr sitzend, sie bewundernd und erstaunt ansieht — jetzt ganz langsam, ganz behutsam nach einem ihrer Beine greift, es zu sich zieht und mit der Hand den glatten Strumpf hinauf- und hinunterfährt sich dann langsam dem Strumpfende nähert und sie endlich seine Finger auf ihrer nackten Haut spürt.

Er fährt mit dem kleinen Finger unter den Strumpf, das kitzelt etwas, und spreizt seine Hand so, daß er fast wie aus Versehen mit seinem Daumen ihre Lippen erreicht und sie mit leichtem Druck auseinanderbringt, so, daß sein Daumen zwischen ihnen verschwindet, wie ein Schlüssel im Schloß.

In diesem Augenblick überkam es sie unerwartet stark und sie schwoll so schnell an, daß es ihr fast weh tat. Sie wollte es sich diesmal nicht selber machen. Diesmal will sie es erleben — mit ihm, sie will, daß es Wirklichkeit wird.

Sie probiert noch andere Positionen auf dem Bett. Sie findet, egal, was sie macht, in diesem Kleid, mit diesen Strümpfen, Strumpfhalter und den dazu passenden hochhackigen Schuhen sieht sie einfach phantastisch aus. Dieses andere Ich, mit geschlossenen Augen hatte sie es schon oft gesehen.

Mit diesem Kleid auf die Straße gehen, nein, sie will nicht diese Herausforderung an Männer, die sie gar nicht kennt. Sowie sie damit auf die Straße ginge, hörte sie auf, sich selber zu gehören. Obwohl sie schon oft versucht hat, mit anderen Röcken oder Kleidern zu gehen, macht

ihr das keinen Spaß. Wenn schon ein Kleid, dann ein richtiges. Ganz Frau. So trägt sie eben Hosen und T-shirts für die anderen und behält ihren Körper für sich.
Aber einmal, dies eine Mal, will sie sich zeigen, einem Mann. Einmal ganz die Frau sein, die sie sein kann. Sie schminkt sich nur wenig, tuscht ein bißchen die Wimpern. Die Haare, sonst im braven Kurzhaarschnitt, föhnt sie etwas mutiger, so, daß sie fast eine Frisur hat. Sogar ein klein wenig Haarspray wird sie brauchen.
Es war nicht einfach, ihn noch einmal zu bewegen, zu ihr zu kommen.
Nachdem sie die erste Zeit immer nur geil und meistens betrunken miteinander geschlafen hatten, veränderte sich ihre Beziehung, als sie anfingen, miteinander zu reden. Bewußtseinserweiternde Gespräche nannte er das, und befürchtete, davon süchtig zu werden. Und wie schon so oft mit anderen Männern, passierte es auch diesmal, daß er sie plötzlich für intelligent und relativ gefährlich ? hielt und besser nichts mehr mit ihr zu tun haben wollte. Schon ihr erster Mann, da war sie kaum 16, vermutete, sie ware »kalt, intelligent und skrupellos«. »Relativ gefährlich«? Sie wüßte nicht, was sie tun muß, damit sie Männern keine Angst mehr macht, so wie sie ist.
Aber es hatte geklappt. Sie hatte ihn angerufen. Diesmal hatte er sie nicht wieder abwimmeln können, wie die letzten Male. Sie sagte, sie habe eine Überraschung für ihn und bäte ihn ein letztes Mal, sie zu besuchen.
Den ganzen Nachmittag war sie aufgeregt. Wie eine 15jährige, die auf ihren ersten Liebhaber wartet. Sie hatte in den letzten Tagen viel und gut geschlafen, gut gegessen und sich nur auf diesen Abend konzentriert. Ihre Augen strahlen und wenn sie in den Spiegel sieht, sieht sie eine Frau, die sie liebt.
Sie hatte daran gedacht, einen Zeitpunkt zu wählen, zu dem sie ganz allein in der Wohnung wäre. Bei einer Wohngemeinschaft ist das gar nicht so einfach. Doch auch das war ihr gelungen.
Jetzt war es gleich so weit. Um 8.00 Uhr, hatte er gesagt. Jetzt war es 20 Minuten vor 8.00. Und die Spannung erfaßte ihren ganzen Körper, sie war jetzt schon so feucht, daß sie die Offensichtlichkeit ihrer Lust schon fast wieder beschämte.
8.00 Uhr. Sie hört schon das Trommeln seiner Finger gegen das Fenster,

wie er das immer tat, wenn die Haustür verschlossen ist. Sie traut sich nicht aus dem Zimmer, aus Angst, sie könnte es überhören.
Sie erinnert sich nicht, was dann genau passierte.
Sie weiß noch, daß es ihr, als er dann endlich kam, plötzlich unheimlich kalt wurde und sie fror so, daß sie zu zittern begann. Und dann dieser Mund, dieser immer größer werdende lachende Mund, der sie zu verschlingen drohte und an das Gelächter, das sie heute noch hört, wenn die Beruhigungsmittel nicht stark genug sind.
Er überlebte, sagen sie, da er trotz seiner Verletzungen in der Lage war, die Polizei anzurufen.
Die Ärzte sagen, sie sei geistig gestört, aber relativ ungefährlich.

Maja Bauer

Eistanz

Möglichst kleiner Partner (m) für Eistanz gesucht . . . (Chiffre). Als ich das gelesen hatte, klopfte mir das Herz. Ich kann zwar nur mittelmäßig Schlittschuh laufen, geradeaus Holländern, rückwärts nicht so gut, und die Vertauschung von vorwärts in rückwärts mißlingt oft, ich schwanke dabei. Aber ich bin klein, 1,55 m, vielleicht hab ich eine Chance. Ich schrieb: Ich bin klein. 1,55. Und dann trafen wir uns in einem Lokal. Die Dame war mehr als einen Kopf größer als ich, nicht ganz schlank, breitschultrig, trat an den Tisch und hatte zum Erkennen ihre Schlittschuhe mitgebracht. Fast erschrak ich vor ihren riesigen weißen Stiefeln. Sagte aber doch: ich bins. Ich bestellte mir noch ein Bier, sie trank Tee und wollte ziemlich schnell zur Sache kommen. Es ist jetzt das ideale Wetter, schon 10 Tage starker Frost, die Havel ist zu und sicher.
Wir verabredeten uns für den nächsten Spätnachmittag und ich stand eine Weile am Ufer und blickte auf das schwarze, mit weißen Blasen durchsetzte Eis. Ich wollte schon frieren, da kam sie, setzte sich gleich auf ihre Plastiktüte und wechselte die Schuhe. Zieh dich um! Ich folgte und dann gingen wir vorsichtig die Böschung hinunter. Zuerst fuhren wir einzeln nebeneinander, sie griff aber schnell nach meiner Hand und zog mich in ein rasches Tempo, einfach gradeaus, die Unebenheiten brachten uns mehrmals ins Wackeln, aber sie rief, schneller, schneller, und dann fielen wir, ich dachte, das Eis müßte donnern, aber wir stürzten und glitten gleichzeitig und sie lachte.
Jetzt üben wir Kreise! Kannst du Kreise? Ein wenig. Sie stellte sich links neben mich, faßte mit ihrer Rechten hinter meinen Rücken, und ich mußte auch hinter ihren Rücken greifen. Sie zog so stark an, daß wir tatsächlich so etwas wie einen Bogen schafften, und als wir es noch einmal probierten, ging es auch besser.
Ein paar Nachmittage nacheinander übten wir nun immer mindestens 1 bis 2 Stunden, sie wollte schließlich Walzer tanzen, was natürlich zuerst mißglückte, denn ich kann Walzer überhaupt nicht. Aber sie war sehr beharrlich, sang dazu laut, daa da da da da daa da da, sie brachte es mir bei. Die tollste Figur, die wir schließlich hinkriegten, war: sie kniete sich halb und ich hatte mich auf ihr abgewinkelt aufgestelltes Knie zu setzen, 3 Sekunden lang!
Ich kann Ihnen sagen, die ganze Sache war für mich unheimlich erregend. Ich wäre ihr gern näher gekommen, ihr gerötetes, lachendes Ge-

sicht, ihre starken Bewegungen waren von Mal zu Mal begeisternder für mich. Einmal, als wir wieder beide gestürzt waren, drückte sie ihren Mund aufs Eis, wie, als ob sie es küßte, kam schnell wieder hoch und ihr Mund war noch stärker rot als zuvor, da küßte ich sie ganz hastig — wir lagen beide auf den Knien, die Kälte spürte ich erst danach in den Kniescheiben, den Kuß spüre ich immer noch, kühl und stark.
Auf dem Rückweg sprach sie ganz eifrig davon, was sie alles noch mit mir lernen wollte, raffinierte Figuren, ich sah mich schon im Traum durch die Luft gehoben, herumgeschleift und gewirbelt; sie sagte nie ein Wort darüber, wie komisch es wäre, daß sie sich so einen kleinen Partner gesucht hatte und die Führ- und Heberolle auf dem Eis behauptete. Ich wagte es auch nicht daran zu rühren, ich wollte das seltsame Zusammenspiel, das mich immer mehr faszinierte, nicht gefährden.
Auch hatte ich es immer wieder verschoben, sie um ihre Adresse zu bitten, wir hatten einander nur Vornamen genannt und uns immer auf den nächsten Tag gefreut.
Bis der warme Wind kam. An diesem Tag sah ich sie nicht.

Evalune Neumann

Schwur oder so

und weil ich nicht weiß, wo dein herz ist,
schreibe ich dir von meinem herzen
von meinem herzen, das dich nicht losläßt,
so sehr alle anderen, besonders der kopf
auch drängen.
auch die füße machen jeden tag ihre schritte
größer und fragen: na, bist du nicht schon sehr
weit weg von ihrem herzen?
ja, aber ich kann immer noch meine wellen aussenden,
und bin immer noch bewegt, als ob ich ihre wellen empfange!
und die hände beklagen sich:
das ist doch nutzlos, woran du dich hängst,
solange wir leerbleiben! auch die muschel ist
nicht mehr zufrieden mit uns!
und die schultern sinken dazu.
der kopf versucht immer noch mutig zu kämpfen:
seid nicht so wehmütig! euch fehlt die straffe führung
durch den klaren verstand!
aber ich hab doch noch das gefühl ihres abdrucks auf
meiner haut! beharrt der mund.
aber da springen die augen dem kopf beiseite:
ihr halbherzigen feiglinge! jeden tag sehe ich die
schönsten frauen, und ihr reagiert alle nicht!
ach, hört doch auf! tönen da die brüste,
wie oft tropfen eure tränen auf uns!
wie sollen wir denn den brüsten irgendeiner frau
nahekommen, wenn ihr immer traurig und abweisend seid?
der bauch zieht sich zusammen, und die muschel hält
sich mal wieder raus, obwohl sie diese dauernden
streitereien schon satt hat.
die hände finden immer wieder beschäftigung,
auch meine füße sehen letztlich die einzige
lösung in aktivität.
aber mein herz ist die siegreiche kriegerin
und wird nicht so schnell aufgeben,
auch wenn es jetzt immer häufiger erschöpft
unter den schwarzen ulmen liegt.

Hannah Weiss

Schwarze Blume bitter

schwarze blume bitter

meine träume die da sind: rote rose rotes tier ein kitsch bunte
bonbons grün wie pfefferminze, die
schenkt er mir die schmecken süß die steckt er mir hinters ohr
immer
kommt er als fremder zu mir ich
wünsche ihn mir: schön und schweigsam im weißen anzug sein
atem ist seide, kühl, seine hände sind breit die nägel kurz
da kann er mir nicht weh tun mit
sein gesicht ist dunkel die augen braun, ja, er hat augen wie
ein schönes tier seine
augen sind eine seele brennen ein loch in meinen nacken er
legt feuer in meinen kniekehlen
ich kann ihm nicht entkommen er
steht an der tür er stützt ein bein ab an der hauswand so
steht er wenn ich ihn rufe wenn
ich die nacht wach gelegen seinen namen buchstabiert habe
fiebrig
ein kissen zwischen mich und das laken gepreßt vier
buchstaben sind es: vier buchstaben! beginnen weich und enden
wie mein schrei wenn er mich liebkost . . . lieb . . . liebkosen!
was heißt das! sterben will ich töten soll er mich
mich küssen daß ich zu atmen vergesse sein mund ist weich und
groß mein hals ist eine feine wunde und
meine lippen auch meine schulter die wange der hals die brust
es schmerzt so schlinge ich mich um ihn reibe mich an
seinen schenkeln dies feine glockenspiel ich
schreie viel samtene töne und
vergesse das luftholen ich
grabe mich ein in seine schwarzen haare bedeckt ein dichtes
vlies die runden schultern er
trägt ein mal ein scharfes rotes mal koralle wie blut ein
kleines rinnsal
aber noch sind die wasser vor meinem haus von dunkler farbe
noch wiegt der kirschbaum schwarze früchte joan singt

liebeslieder es brennt in meiner kehle
wieder
steht er an der tür ein fremder ein mann er
hat keinen namen, denke ich, was soll mir ein name! wieder
ist das laken weiß wieder schmiege ich mich an die dielen
suche mit den zähnen das holz in das ich beißen kann, ach,
er schreibt mir geschichten er
schreibt mir viele briefe sein herz hängt in den telefondrähten
kein tag, an dem er nicht nach mir weint kein
tag, an dem ich nicht seinen namen rufe diese vier buchstaben
diese unsinnigkeit dieser
mann der sich mir verschrieben hat
von dem ich nicht lassen kann den ich
in mich betten will sein atem ist seide um meine handgelenke,
ja, er
tötet mich so oft ich darum bitte alles was du willst,
sagt er, für dich
hannah, für dich bitter und süß, hannah,
ich küsse dich ich zeichne dir die liebe zwischen stirn und
schläfe, liebes, für dich für dich:
knie dich! und ich mach dich schreiben ich bin mit dir ich
trage dich über die wasser, hannah, ich fick dich tot wenn
du willst und ich küsse dich beim auferstehen
ach, meine bunten träume: rote rose rotes tier korallentier
und die bonbons an meinen ohren: giftig grün und er
ein fremder von
irgend nirgendwoher begegnet mir in diesem leeren haus ich
habe es erdacht alle
zimmer ohne möbel alle zimmer mit geöffneten geschlossenen
fenstern an der wand ein bild: meine geliebte freundin lacht!
in der mitte des raumes ein einsamer tisch darauf
ein fächer und ein paar violette schuh ich
vergaß sie beim letzten mal . . . nie weine ich! seine liebe ist
ohne haß für dich, hannah, für dich! seine liebe
ist mein schreiben ist mein schrei ohne tod kein auferstehen
immer
muß ich sterben um weitergehen zu können es

ist jene frühe nadel jenes frühe messer das sie mir ansetzten
mich gehen zu lernen um
nicht auf allen vieren kriechen . . . und
die nacht ist hell wind kommt von süden wind
kühlt mir die tropfen rot auf den laken er lehnt mit
mir an den fenstern am dünnen glas ist
stark in den armen nicht mann nicht frau von irgend nirgendwoher
hält mich und mein haar ich
schließe die arme um den polierten griff ich
buchstabiere seinen namen den namen den
ich selbst erfand den ich ihm gab denn ich weiß nicht wie er
heißen könnte jenes zimmer
das ich uns erdachte wo nur könnte es sein . . . und so bettet
er mich aufrecht ich falle nicht, nein! ich
falle niemals! so stehen wir beide und ich lache lache
tief er beißt mir den mund heiß ist der wind der wind der
von süden kommt sein atem ist kühl
kühl ist die seide die seide um mein gelenk ich zerschnitt
ein altes rosanes hemd ich
sitze ihm entgegen
er wiegt mich er schlingt ein band um meine handgelenke
verblichenes brüchiges rosanes band ich
sitze mit weiten schenkeln seine finger streicheln meine
lippen wild wie bitter schreie ich: wer denn! wer kennt
seinen namen keiner kennt seinen namen! keiner
weiß um seinen mund! schenkt er mir eine schwarze blume schenkt
er mir ein sterben alles
was du willst ich verlange so sehr danach bettele
um seine hände um meine kehle nichts wird
geschehen alles wird gut . . . bettet er seinen kopf in meine
achselhöhle schlaf doch schlaf ein sagt er
kocht er kaffee für mich am morgen schwarzen kaffee

Adelheid

Hohelied

sie lief schon seit stunden. die straße war breit, gerade. sie lief auf einem asphaltierten weg, der durch einen grünstreifen von der straße abgetrennt war. hier standen keine häuser mehr, nur hin und wieder unbewohnt scheinende holzbaracken. grün und grau war alles. nieselregen sprühte ins gesicht. es war kalt. sie lief.
Die Frau wartete am ende der stadt. sie fragte: wohin. Die Frau lachte. wenn Sie lachte, schielte Sie. Die Frau führte sie vorbei an der autobahnauffahrt in das kleine hotel. die empfängerin gab den schlüssel: zimmer 7. Die Frau ging voran zum fahrstuhl, sie drückte alle knöpfe. Die Frau lachte und schielte. der fahrstuhl beschleunigte und stand. sie öffnete die tür des saales mit der kegelbahn. sie ging die bahn entlang auf den waldweg, der vom hotel wegführte. nieselregen: die bäume standen still. der weg war aufgeweicht. sie ging langsam, versuchte den pfützen auszuweichen. auf den bäumen waren markierungen: abgeknickte pfeile, die auf den waldboden zeigten. der wanderweg sore: flüsterte Die Frau und begann lächelnd zu beten: sore, xes, nema, amen. die bäume wurden höher und verfilzten sich zu einem grün-grauen düsteren himmel. Wie der Apfelbaum unter den Bäumen ist meine Liebe. Mich verlangt in ihrem Schatten zu sitzen, und ihre Frucht ist meinem Gaumen so süß. die pfeile glitten auf dem Waldboden dahin zu dem turm in der mitte der lichtung. der turm war aus rot-marmoriertem pergament. oval umstanden die bäume die lichtung und ihre stämme glänzten schwarz wie metall. sie erreichte den turm. kitore: flüsterte Die Frau: ich grüße dich. die pergamentwand zitterte. sie ging ins innere. der turm war leer. mattes licht schimmerte durch das halbrund des daches aus grünem plexiglas. der boden war fast schwarz. in seiner mitte zitterte ein kleiner hellroter mund. sie legte sich auf den boden. sie war nackt. sie lag auf dem rücken. der mund fuhr ihr vom nacken über den rücken po den oberschenkel vom knie zum fuß strich über die fußsohle zwischen die zehen wechselte zum anderen fuß fuhr das linke bein hinauf verharrte am letzten wirbel des rückens. der mund öffnete sich. Ich beschwöre euch ihr Töchter, stört nicht auf, weckt nicht die Liebe, bis es ihr gefällt. eine trockene spröde zungenspitze fuhr ihr über die hüfte. sie dachte an schlangenhaut. sie rollte sich auf den bauch. der mund umfaßte ihre lippen und sog sie ein. die zunge rollte eine perle im mund. sie wuchs, schwoll an und explodierte in wolken. die wolken formten ein duplikat ihrer selbst, das zerbröckelte und auf den

waldboden fiel. kichernd setzte Die Frau sie wieder zusammen. sie stand auf dem waldweg. es war abend. es regnete nicht mehr. sie kletterte die böschung hinauf durchs nasse gras. sie ging die autobahn entlang. sie hörte auf das regenrauschen der vorbeifahrenden autos. sie ging neben der leitplanke vorbei am autofriedhof über die brücke. unten fuhren eisenbahnzüge. sie kletterte die böschung hinab, ging hinter dem güterbahnhof her auf die ersten häuser zu. ein mann brachte einen hund in den zwinger. er öffnete die tür, stupste den hund hinein, verschloß und ging. der hund bellte und jaulte und sprang gegen den maschendraht. Die erste Weihnachtsgans nach dem Krieg ertauschte mein Vater gegen eine Rolle Maschendraht, die er beim Kegeln gewonnen hatte. Sie lachte: Weihnachten. Sie lachte und schielte. Ein Signal wechselte von rot auf grün. Ein Güterzug fuhr an. Es begann wieder zu regnen. Sie trat in die schmale Hofeinfahrt, der Hauseingang war seitlich, die Haustür angelehnt. Sie ging im Dunkeln nach oben. Im ersten Stock war in der Wohnungstür eine Scheibe eingeschlagen. Sie hörte Musik. Ihre Knie zitterten. Ihr war übel, wie immer, wenn sie unangemeldet kam. Denn stark wie der Tod ist die Liebe. Leidenschaft hart wie die Unterwelt. Ihre Gluten sind Feuersgluten. Große Wasser können die Liebe nicht löschen. Ströme sie nicht überfluten. Gäbe auch eine all ihr Gut um die Liebe, würde sie verachtet werden? Ich klingele.

Petra Niehaus

Diese Ziege!
Wie ich sie hasse!
Was hat sie, was ich nicht hab?
Sie kriegt, was ich nicht krieg.
Du flirtest.
Hältst Händchen.
Erzählst strahlend von ihr.
Wie ich dich hasse!
Du Schwein!
Und abends fick ich mit dir
den letzten Rest von Nähe weg.

Jorinde Engel

Ein Straßenjunge wars

Auf der Straße ging was an mir vorüber und ich blieb stehen und sah ihm aus den Augenwinkeln nach. Ein Straßenjunge wars, Rabengefieder auf dem Kopf anstatt Haaren und schwarz und böse und in den Hüften, den schmalen, dieses Wiegen, eine Welle vom Meer. Zwei Schritte später, als hätte ich es ihm eingeflüstert, drehte er sich um und schaute herüber. Raben flogen auf in Schwärmen, für einen Augenblick wars dunkel wie die Nacht. Aber dann sah ich ihn.

Und er war vom Teufel.

In diesem weißkalkigen Zimmer unterm Dach und die Sonne schien rein dabei, während wir es machten. Es war klebrig und heiß mit ihm und das Zimmer war voll mit Mücken und wir kratzten uns die Körper, bis daß sie bluteten.
Hernach stellten wir uns oben ans Fenster und ließen den Wind vom Fluß her kommen. Auf die Haut und in die Haare.
Der Regen war vorbei, und der schmutzige, grüne Fluß dampfte schwarze Wolken von Mücken aus. Wir sahen hinunter und den Lastkähnen nach, die nach Suden fuhren. Vielleicht nach China. Dann sah ich ihn an, auf die vielen kleinen Male auf seiner Haut und in die Augen. Da brannten schwarze Feuer. Und die Raben flogen wieder auf und machten ein Geschrei.
Ich lief in die Tiefe des Zimmers und er mir nach. Er war der Wolf, ich sahs an den grausamen Augen. In Stücke will er dich reißen, das Herz aus der Brust, ich lief. Aber sein fliegender Atem kam schon über die Schulter und seine Hände faßten mich und drückten mich gegen die Wand. Die kalte Wand. Das dauerte lange. Ich hörte das Blut in die Schläfen steigen und seinen Atem über der Schulter. Nur noch das. Eine lange Zeit. Dann nichts mehr.
Wir schliefen nicht mehr. Wir gingen nicht mehr aus. Wir aßen nichts mehr. Wir liebten uns nur noch, tage- und nächtelang, bis zum Umfallen ging das und weiter. Und der Wind kam vom Fluß her, und die Mücken klebten als kleine, schwarze Punkte an den Wänden und waren fett von unserm Blut.
Schließlich, als wir abgemagert waren bis auf die Knochen, verließen wir das Zimmer. Geld hatten wir keines. Wir trieben uns auf den Straßen herum und klauten uns hie und da etwas Eßbares oder suchten danach in Kellern und Abfalltonnen. Hin und wieder bettelten wir auch

um ein paar Mark oder er ging es einem besorgen auf einer Bahnhofstoilette. Das reichte für Tage dann.
Wir waren keinen Fußtritt mehr wert. Im Dreck, wie wir lagen, sein Körper an meinem. Und er stank nach Whisky und hatte Läuse und einen Tripper womöglich. Aber ich begehrte ihn.
Und es gab China. Ich meine die Weisheit zwischen den Augen und die schwarzen Raben. Das waren die Schätze, von denen wir lebten.
Einmal verschwand er für Tage. Ich schrie nach ihm, das Herz aus dem Leibe. Dann ging ich ihn suchen in den Straßen, in der ganzen Stadt, ich lief mir die Füße wund nach ihm, aber ich fand ihn nicht. Kein Zeichen von ihm. Nichts.
Als ich nicht mehr konnte, ging ich zurück in das Zimmer. Ich zog mich aus und legte mich auf das Bett und wartete. Ich wußte nicht mehr auf was.
Am dritten Tag kam er wieder. Ein böser Engel und schwarz in den Augen. Er roch nach Unheil, aber er hielt Rosen in den Händen, die leuchteten sehr. Und er sagte nichts, kein einziges Wort. Er nahm nur die Rosenstengel zwischen seine Handflächen und preßte sich mit ihren Dornen, daß das Blut in Tropfen herabfiel. Auf mich. Das war für die Tränen.
Es kam das Ende. Der Tag, an dem der Nebel vom Fluß heraufkam. Die Mücken lagen erfroren auf dem Boden, und es war still geworden im Zimmer. Da wußte ich, daß es Zeit war.
Er stand im Kreuz des offenen Fensters und beobachtete mich mit dem Schwarzen in seinen Augen. Wie ich Wasser tat auf die Stirne und das Haar, das zum Nest gewachsen war, glatt strich im Nacken und lächelte. Aber er sagte kein Wort.
Als ich hinausging, drehte ich mich noch einmal um und sah ihn immer noch bewegungslos im Kreuz des Fensters stehen. Da hob er plötzlich die Arme wie ein Christus, die Geste einer unfaßbaren Unschuld. Das war das letzte, was ich sah, bevor ich ging.

Es ist lang her. Ich weiß nicht. Es ist verschwunden. Im Nebel. Das ist es.

Marion Holt

Für Cornelia

Trümmerfeld im August

Im Sonnenlicht fange ich die Bilder wieder ein, schwarz-weiße, bunte, und dann leuchtet mir ein Blau aus dem Malkasten entgegen, Dein Kleid, darunter Kinderknie, Strümpfe auf die Knöchel gerutscht. Zwei Mädchen mit fliegenden Haaren, glühenden Wangen, rot bis an die ungewaschenen Ohren in der flimmernden Hitze eines Augusttages. Und Du bist wieder der wilde Reiter, der mich gefangen nimmt, mich auf sein Pferd zieht. Vorbei geht der Ritt am purpurnen Fingerhut zu Deiner Felsenburg oberhalb der Brandung. In einem Saal sitzen wir uns auf Ziegelsteinen gegenüber, Modder auf grünen Blättern serviert, verwandelt sich in köstliche Speise, die wir vorgeben, zu Munde zu führen. Es ist totenstill, als wir die Wendeltreppe zum Turmzimmer besteigen, dem Schlafgemach: zwei Strickjacken unter dem Holunder aneinandergelegt. Im Schutz des Strauches liegen wir nebeneinander vereint, grüne Beeren über unseren Gesichtern. Deine Hand fährt unter meine Bluse, legt sich auf die flache Brust, die unter Deiner Berührung zu einem prallen Busen gedeiht. Der Wunsch wird mächtig, die Hand möge auch hinabgleiten zwischen meine Beine, um mich von dem Kribbeln tausender Ameisen zu befreien. Ich lege mich auf Deinen Körper, umschlinge Dich, drücke mein Geschlecht gegen das Deine. Ein Mund küßt mich, der so herrlich nach den Veilchenpastillen von der Bude schmeckt. Du flüsterst Worte, die eines Ritters, eigens erdacht für die Angebetete. Wir kichern ein wenig, weil Du die Stimme verdunkelst. Wir schelten uns gegenseitig für die Albernheit. Das Märchen ist längst zu Ende, aber wir sind noch im geheimnisvollen Schlafgemach des Ritters. Fest hält er mich umfangen und raunt mir Liebesworte ins Ohr, als seine Hand sich langsam dem bekannten unbekannten Zentrum nähert. Ich schmiege mich an Dich, als fürchte ich mich. Vögel schreien, Bienen dröhnen, Welt flieht auseinander, als Du die Feuchtigkeit auf meinen Schamlippen verteilst. Ich will Dich haben. Du bist mein. Für immer.

Wir winden uns, pressen unsere Kinderleiber aneinander, und im Rausch fallen Brüste und Geschlechter in das Reich des Spielraums. Lustgefühle kommen in großen unbekannten Gestalten, finden Platz in neuen Bildern, während alles verrutscht: Kinderkleider, Kinderstrümpfe, Kinderwelt. Verrutschte Kinderwelt, als ich rittlings auf Dir sitze, sich linkische Gesten in rhythmische Bewegungen verwandeln. Ich küsse glatte Kinderhaut, deren Geruch sich mischt mit dem der vor Hitze aufgeplatzten Erde. Von Deinen spitzen Knien gleitet meine

Hand in Deinen rosa Schlüpfer, ertastet Flaum zwischen Deinen Schenkeln. Da verdunkelt sich der Himmel in Deinem Gesicht, ein gefährlicher Schatten ist auf uns gefallen, und dann höre ich schon die Stimme: »Zwei Mädchen können nicht vögeln.« Unerträgliches Lachen zweier Jungen, unerträglich noch, als sie schon weggelaufen sind. Lange wagen wir es nicht, uns zu rühren, verharren in der Umarmung.

Guy St. Louis

Gedichte 1980—1982

seven-eleven

ich
habe glück
am anfang
habe ich immer glück

(dry fuck)
eine gute hand

(bang her till she's dying)
als wir hier um etwas spielen
verliere ich
(rip off)
sehr straffe haltung

gut geschmierte ketten
ziehen keine haut ab

ihre blicke
tanzen auf meinem hochseil
schwitzende hände
fieber in allen öffnungen
ein schwarzer ledergurt
fest
um den hals

ihre weichen küsse
bleiben mir im hals stecken
mit zwei eisenhaken
zieht sie mir die haut ab
warme schauer
sattes brennen
meine geschwollenen brüste
liegen ihr zu füßen

verständigung 1981

mein versuche
   dir zu gehören
sind letztendlich
daran gescheitert

   dass ich nicht
in der lage bin

meinen verstand
   für einen tropfen
   liebesnacht
einzutauschen

und so sehe ich dich an
etwas begierde ist schon dabei

doch bist du mir zu fremd
   zu weiß
zu blau
zu grün

— — — — NOTIZ — — — —

   kein wellblech
   fünf mm dicker stahl
   drei lederriemen
und ne dicke tube v/50
machen mich an!

— — — — NOTIZ — — — —

klappe 1

ja, es ist etwas kompliziert.
ich kann meine sachen nie auswendig!
geht es dir auch so?

ja, das geht mir auch so.
ich kriege nie alles mehr so richtig zusammen.
versuch es trotzdem!

er versucht es, es hört sich gut an.

weißt du, so ungefähr geht es . . .

und am schluß bringt er sie dann um.

ich grinse,
ja wirklich?
na wie denn?

er grinst
er erwürgt sie!

wir lachen beide
ach . . ., sage ich lachend, erwürgend,
er erwürgt sie, die lady aus panama.

ja sagt er und umarmt lachend meinen hals.

notausgang

waghalsig stürzt sie sich
   auf mein fleisch
sie reißt
an meiner lederhülle
   sie stöbert
in meinen verstecken
nichts bleibt verborgen
   was hast du da
   gib es mir
ihre gierige zunge
   zähne wie ein raubtier
sie beißt mir in die sehne
wie ein häutendes reptil
schleift sie ihren körper
an meiner hose ab

ich versuche ihrer heftigen möse
zu entkommen,
keine gnade lächelt sie
lecken lecken . . .
   ihre nasse möse stülpt sich über mein gesicht
sie stößt so heftig
ich piß dich an stöhnt sie
ihre lippen füllen meinen mund
ich habe die schnauze voll denke ich
   ich piß dich an schreit sie
   sie schießt mich ab
   ihr strahl ist hart und heiß
ich kann nicht mehr schlucken
ich stehe drauf mach mich eng
   ich denke nicht dran
aus sicherer entfernung sehe ich ihr fleisch
(heavy nuts)
   und gehe!

Monica Streit

Zwischen Rom und Amsterdam

Von Monica Streit erschienen
Das Kopfdromedar
Piratinnensender GBR, West-Berlin 1980
Issi Marocco
Verlag Klaus Guhl, West-Berlin 1982

In den letzten Nächten träumte sie auffällig häufig von Verführungen. Der Anfang wie gewohnt, alptraumartige Stimmung, Schwierigkeiten aufgetürmt, Mea wollte hindurch, schaffte es nicht, doch dann tauchte eine Frau auf . . . Diesmal eine besonders bemerkenswerte. Das Frauentherapieprojekt, in dem sie arbeitete, war offensichtlich in die Universität verlegt worden. Jedenfalls befand Mea sich im Erdgeschoß eines massigen und monumentalen Hochhausgebäudes, pendelte zwischen einem großen und einem kleinen Seminarraum hin und her. Gruppentherapietreffen, im kleinen Raum würde ein eingeflogener Bioenergetiker aus London arbeiten, Mea sollte in deutsch vermitteln. Im großen Seminarraum ein von Mea und Friderike geleiteter Vortrag. Mütterlichkeit und frühzeitiges Abstillen. Ein Thema, das Mea nicht besonders interessierte, aber Friderike kannte sich aus.

Der von künstlichem Licht erhellte Raum mit abwärts gestaffelten Sitzen und Pulten, unten ein Stehpult und eine Leinwand, voll besetzt. Einige Männer zu sehen. Aber das war nicht das Problem. Mea war gerade im anderen, kleineren Raum gewesen, der bereits eingeflogene Bioenergetiker war noch nicht eingetroffen, sie hatte die kleine Gruppe beruhigt. Hier hatte Friderike gerade den Vortrag beendet. Offensichtlich war sie vom vereinbarten Thema abgewichen, die aus dem Saal gestellten Fragen fütterten Meas schnellen Verdacht.

Eine junge Frau mit einer rosa Windel um den Hals erkundigte sich leise nach den Möglichkeiten psychologischer Therapie in der Hauskrankenpflege. Aha, dachte Mea, hat sie also wieder über ihre frühere Krankenschwestertätigkeit geredet, ist wieder ihren eigenen Pfaden gefolgt, wie manchmal in Gruppentherapiesitzungen, wenn Mea nur die Hoffnung blieb, Friderike kehrte irgendwann in den Raum zurück.

Mit der Erinnerung steigt leise Wut hoch, sie wirft Friderike einen mißbilligenden Blick zu; er kommt nicht an. Denn Friderike antwortet. Laut, keineswegs zum vorbereiteten Thema, gestellte Fragen kurz streifend, sie redet über Selbstverwirklichung. Selbstverwirklichung als selbsttherapeutische Aufgabe jeder Frau. Gelassen schwingt sie ihre Wortlassos, alle hängen an ihren Lippen. Als sie schließlich endet, sinkt ihr Oberkörper erschöpft dem Rednerpult zu, aber in ihrem Gesicht ein verborgen glückliches Lächeln. Mea versteht — wie klug es wäre, Anhängerinnen zu haben.

Jetzt meldet sich ein Mann, er hat mit dem Finger geschnalzt, bevor er aufstand. Unpassend ausführlich erklärt er seinen Werdegang zum Steuerberater, dieser Selbstdarstellungstrieb immer, kommt zum psychologischen Problem seiner Klientel: die Offenbarungsnotwendigkeiten, wie kann er einfühlender zu ehrlicheren Antworten kommen. Auch ihm antwortet Friderike, einfühlend, aber wenig sachverständig. Während ihres Vortrags errechnet Mea, wieviel Geld allein durch diese ausgedehnte Rede in die gemeinsame Kasse kommt. Alle zahlen fünfzig Mark, der Saal ist voll, drei Stunden sind vorgesehen, davon jetzt wieder zehn Minuten geschafft. Eine neue Frage, die Fragende gibt sich als Sekretärin zu erkennen, bitte etwas über die Möglichkeiten psychologischer Therapie angesichts der ständigen Forderung Kaffee zu kochen. Jetzt reicht's, jetzt will Mea auch etwas sagen, zurück zum eigentlichen Thema, das ist ja grotesk hier, alles ordentlich harrende Babys. Sie will jedenfalls nicht untergehn. Wo sie schon in der Mitte sitzt, eingekeilt. Sie schnalzt mit den Fingern, wie früher, wenn sie etwas besonders Richtiges wußte.

Die andern bilden jetzt konzentrische Kreise, sie die Mitte. Sie stellt sich auf den umgeklappten Plastiksitz, nimmt, ohne von Friderike aufgefordert zu werden, das Wort, sagt mit lauter, scharfer und überzeugender Stimme: »Es ist doch eine eindeutige Tatsache, daß die Arbeit in Institutionen generell, ja *generell* zu psychischen Deformationen führt, die auch die beste, durchdachte und (!) konzeptionell eingehaltene psychologische Therapie nicht zu mindern vermag.«
Von ihr gibt es keine Litanei, die bis in Ewigkeit Amen weitergehen könnte.
»Deshalb halte ich es auch nicht für sinnvoll, die bisher gestellten Fragen weiterzudiskutieren.« Sie setzt sich, im Raum ist es still, alle schauen sie an, blicken dann entleert zu Boden.
Trotzdem ruft Friderike: »Jetzt machen wir Pause, eine Viertelstunde, nicht länger.«

Sie gehen hinaus, weggeschickt, einige aber reden, eine ihr bekannte Gruppenteilnehmerin kommt auf Mea zu, faßt sie am Arm und sagt: »Das ist doch das letzte, was ihr hier bietet, alles hinausgeworfenes Geld, soviel Unsicherheit bei den Therapeutinnen, ihr habt weder ein Konzept noch eine Lösung. Das mußte ich dir endlich sagen, ich habe es bisher nur noch nicht aussprechen können.« Sie redet nicht sehr laut, doch sie zieht andere an. Auch sie murmeln »hinausgeworfenes Geld, hoffentlich wird es jetzt besser, die haben sich niemals vorbereitet, arbeiten noch dazu gegeneinander . . .«

In der Pause sitzt Mea geknickt auf dem Stuhl neben dem Rednerinnenpult. Sie setzt sich schließlich ganz in die Ecke. Allein. Friderike ist verschwunden. Kein Vorwurf loszuwerden. Die Frau hatte recht. Kein Konzept, jedenfalls kein eingehaltenes, ein Schlangentanz mit Wörtern, um die Gefährlichkeit der Situation zu zähmen. Soviele. Und alle hängen an Friderikes Lippen. Niemand räuspert sich wenn sie spricht, niemand gähnt, niemand ruft »zum Thema bitte«.

Doch da
taucht
Sophia Loren
auf.

Mea wundert sich nicht. Wahrscheinlich will sie zu Friderike. Mea zieht sich deshalb auf ihrem Stuhl zurück, der Wand zu, auch notfalls bereit, aufzustehen.

Da faßt Sophia Loren sie an. Das heißt, zuerst neigt sie sich Mea entgegen, will sie vielleicht etwas fragen, berührt sie aber ganz zart am Arm, neigt den schwarzen Kopf vorsichtig und langsam zu Mea herab. Das große, bekannt große Dekolleté direkt vor Meas Augen, sie hat offenbar ein Ballkleid an, over dressed wie immer, Sophias Fingerspitzen also ganz vorsichtig und sanft auf Meas Arm, die Bewegung hallt wie ein Echo durch Meas Körper, richtet sie auf, Sophia entgegen. Sophias Kopf jetzt an Meas Kopf, die großen aufgeworfenen Lippen an Meas Ohr, sie flüstert, etwas gebrochenes, aber verständliches Deutsch, »es war so schön, als du mich im Krankenhaus besucht hast.

Das hat mir soviel gegeben.« Pause. Und dann ganz leise, »ich möchte mit dir befreundet sein«. Sophia Loren in Meas Ohr.

Schnitt

Eine römische Villa, italienische Hitze, im Innenraum des Hauses ein Teich mit Oleanderbäumen umstellt, riesige Fenster, ein chaise longue oder besser ein Diwan, samten. Sophia Loren, wieder mit Dekolleté, ihre großen, wirklich sehr fraulichen Brüste wieder präsentiert. Die aufgeworfenen Lippen, große dunkle Augen, sie lächelt Mea an. Sie will sie. Sie beugt sich über sie. Sophias Hände streifen sanft Meas Schenkel hoch, alles zart, elegant und südländisch. Überhaupt, daß Sophias Hände so zielstrebig ... Eine Zeremonie aus Zärtlichkeit und Leidenschaft, in Wellen, auftürmend und ausladend. Daß sie so leidenschaftlich ist. Mea wußte von Carlo Ponti, der durfte ja nicht mehr nach Italien, Steuerhinterziehung. Und die Kinder? Daß sie so selbstverständlich, so zielstrebig ... leidenschaftliche und direkte Berührungen ... wissend. Immer verschwiegen die Zeitungen das. Dieses heterosexuelle Komplott. Sogar Billie Jean King. Nun ja, bei der hatte es Mea vermutet, die hatte ihr schon immer gefallen. Aber wieviele andere vielleicht noch ...? Sophia Lorens Finger jetzt an Meas Möse, fordernd zielstrebig, auf und ab, in Wellen, wie Meas ganzer Körper, sie schwebt und fliegt und schwimmt, auf und ab, es nimmt ihr die Luft.

Schnitt

Sophia Loren im Flugzeug, zwischen den Wolken, zwischen Rom und Amsterdam. Mea wohnt in Amsterdam. Sophia Loren besucht sie. Inkognito, natürlich. Mea möchte nicht auf diese Weise berühmt werden. Mea sieht Sophia Loren über den Wolken, das Flugzeug gleitet schnell, plötzlich kämpft es gegen einen Wolkenberg an, das Gleiten des Flugzeugs in ihr, jetzt das Ankämpfen, Meas Atem schnellt und zieht, das Kämpfen gegen die Wolken ein Gurren und Lachen und Poltern in ihrer Kehle, dann wieder langgezogen, der Flug ist ihr Atem, sie kommt zu ihr. Sie will nur sie. Carlo Ponti ist ihr gleich, die Kinder sind ihr gleich. Aber sie werden es verbergen, es soll in keiner Zeitung stehen. Sophia zwischen den Wolken zu ihr, gleitend, dann wieder in Wellen,

wahrscheinlich ein Propellerflugzeug, die poltern immer so, jedenfalls auf und ab, dann wieder langgezogen und sanft. Lichtblitze, ein Gewittersturm.
Hoffentlich landet sie, kehrt nicht wieder um.
Hoffentlich kehrt sie nicht wieder um . . .

Renate Guthmann

Die Liebhaberin

Heute, dachte sie, ja, heute mußte es wieder passieren. Sie fühlte ein ungeduldiges Kribbeln in den Händen, wenn sie daran dachte, ihr Magen zog sich zusammen und auch ihre Kopfhaut und sie konnte den Abend kaum erwarten.

Schon gegen 18 Uhr begann sie, sich vorzubereiten, traf eine sorgfältige Auswahl ihrer Kleidung — sehr enge Hosen, ein anliegendes T-Shirt, dazu hochhackige Sandaletten — das würde wirken. Duschen? Nein, duschen würde sie hinterher, um sich dann auch so richtig rundherum wohlzufühlen.

Beim Frisieren dachte sie an die vergangenen sieben Male — welch eine Wonne, welch eine Erlösung war es immer gewesen. Schon die Vorfreude und die Aufregung taten ihr gut. Sie sah im Spiegel, wie sie auch heute aufblühte. Ihre Wangen hatten einen zarten Roséschimmer bekommen, die Augen leuchteten, probehalber lächelte sie ihr geübtes Lächeln — auch die Zähne strahlten weißer, so schien ihr und sie streckte sich selber die lange, glatte Zunge heraus. Sie wußte, dieser Abend und die Nacht waren für sie gelungen.

Um ihrem Gesicht nicht die Frische zu nehmen, schminkte sie nur die Augen, zog die zurechtgelegten Sachen an und lackierte die Nägel, blätterte eine Zeitlang in ihrem Veranstaltungskalender und entschied sich für eine Kneipe, in der eine Veranstaltung mit Tanz angekündigt war. Dort würde sie leicht Beute machen können, sie wollte sich nicht unnötig verausgaben, dazu gab es zu viele Männer.

Nach diesem Entschluß räumte sie die Wohnung noch etwas auf, las zerstreut in der Zeitung herum und brach schließlich auf, weil sie die eigene Unruhe nicht mehr ertrug.

Auf dem Weg zur Bushaltestelle begegneten ihr schon einige, davon gefielen ihr zwei ganz gut, aber das wäre ihr zu einfach erschienen, nein, sie wollte Vertrauen und Gefühle mit dabei haben, erst dann fühlte sie sich befriedigt.

Um sich die Fahrzeit etwas abzukürzen, verfiel sie im Bus in einen heftigen Blickwechsel mit einem ungepflegten Mitdreißiger, und aufgekratzt und froher Stimmung stieg sie in der Stadtmitte aus und ging zügigen Schrittes zu der auserwählten Kneipe. Dort suchte sie sich einen strategisch günstigen Platz an der Theke, der ihr einen guten Rundblick ermöglichte. Sie bestellte Bier und Zigaretten, lehnte sich lässig zurück und betrachtete die Gäste, die männlichen Gäste, aber die meisten wa-

ren zu lasch, einfach zu lasch, das war nichts für sie. Aber der, der jetzt zur Tür hereinkam, der war genau ihre Kragenweite, oh ja, groß, kräftig, nicht zu muskulös, gepflegt, ja, bei dem würde sie es versuchen.
Er ging an ihr vorbei und setzte sich allein an einen kleinen Tisch. Welch ein guter Zufall — der war ohne Bekannte da, das würde ihr vieles erleichtern. Sie stand auf und stelzte mit wiegenden Hüften an ihm vorbei aufs Klo, dort zupfte sie kurz an den Haaren und wiegte sich wieder an ihren Platz zurück, dabei musterte sie ihn einen Augenblick, er sah natürlich auf ihren Arsch, wie gut, daß sie diesen Arsch hatte, der verfehlte nie seine Wirkung.
Als sie wieder saß, sah er ihr ins Gesicht, sie lächelte ein bißchen, nicht zu sehr, das hatte sie gelernt, daß sie mit allen Zeichen vorsichtig und sparsam sein mußte, sonst klappte es nicht.
Die Musiker hatten inzwischen die Geräte und Instrumente zusammengestellt und begannen mit dem ersten Stück. Sie wunderte sich plötzlich, was sie alles in Kauf nahm, sogar diese furchtbare Musik, aber dafür winkte ihr ja später auch eine ordentliche Belohnung, sie war sich sicher.
Sie warf ihrem Auserwählten einen auffordernden Blick zu, er warf zurück, sie warf wieder hin. Sie spürte den starken Wunsch, ihn zum Tanzen aufzufordern, wußte aber, daß das sehr untaktisch war und so blieb sie, wo sie war, trank Bier und zündete sich eine Zigarette an, setzte sich in Positur und wiegte sich im Takt der etwas unmelodischen Melodie und überstand drei Tänze mit Blicken und Wiegen und Trinken. Die nächste Runde war etwas langsamer und siehe da, ihrem Auserwählten schien ihr bloßer Anblick nicht mehr zu genügen, er stand auf und quetschte sich an den Herumstehenden vorbei auf sie zu. »Wollen wir mal tanzen?« — »Aber gern«, sagte sie, wobei sie ihr geübtes Lächeln lächelte und beim Herabgleiten vom Hocker sanft und zufällig seinen Schenkel berührte.
Er packte sie etwas zu heftig und nicht sehr sensibel und sie wußte, er war der richtige, sie hatte eine gute Wahl getroffen. »Bist du zum ersten Mal hier?« — »Nee, ich war schon mal hier.« Darauf verstummten sie und tanzten etwas zusammenhanglos vor sich hin. Das war ein kritischer Punkt, wußte sie, hier mußte sie einhaken und zwar mit ihrem Körper. Sie schob sich nahezu unmerklich näher an ihn heran und drehte den Kopf leicht, um ihm ihren Geruch in die Nase und zu Kopf

steigen zu lassen — und er reagierte sofort, packte noch etwas heftiger zu, sie konnte seinen Körper spüren. Das war ein Augenblick von entscheidender Bedeutung, sie ließ ihren Kopf langsam an seine Schulter sinken, um ihn Hingabe fühlen zu lassen, so bewegten sie sich im Schneckentempo ein klein bißchen zu der Musik.
Sie hob den Kopf und sah ihm in die Augen, es waren völlig ausdruckslose Augen, das ganze Gesicht war völlig ausdruckslos in seiner männlichen Härte. Sie hätte am liebsten laut aufgeschrien vor Freude, beherrschte sich aber und legte stattdessen ihre Wange an die seine.
Als unpraktisch für solche Gelegenheiten empfand sie oft ihre Körpergröße, sie war groß und es gelang ihr meistens nicht, den männlichen Beschützerinstinkt hervorzulocken, das hätte ihr wahrscheinlich viel Arbeit erspart.
Nun ja, das Wange-an-Wange-Tanzen dauerte ihr schon etwas zu lange, aber sie hatte genug getan, mehr wäre jetzt unklug. Da nahm er seine Wange weg und näherte sich ihrem Gesicht, genauer ihren Lippen, denn er wollte sie küssen. Nicht genug damit, begann er sie während des Kusses heftig an sich zu pressen, wobei er gleichzeitig seinen Unterkörper vorschob. Ab jetzt konnte sie sich ausruhen, das wußte sie, sie mußte ihn nur noch dazu kriegen, sobald als möglich von hier zu verschwinden und zwar zu ihm nach Hause.
Die Musik brach ab, sie kehrte zu ihrem Platz zurück, setzte sich mit wirkungsvollem Hüftschwung auf ihren Hocker und nahm seine Hand. »Wie heißt du denn?« — »Theo, und du?« — »Margit. Theo, magst du einen Klaren mit mir trinken?« Alkohol tat in dieser Situation immer gut und Theo bestellte bereitwillig zwei Klare. Sie plauderten eine Weile über Belangloses, sahen sich die Leute an und Theo ergriff die Initiative und sie und küßte sie heftig, während er breitbeinig vor ihr stand und seine Hand von ihrem Hals zu ihrer Brust gleiten ließ.
Prima, prima, das funktionierte ja wie noch nie.
Bevor Theo außer Rand und Band geraten konnte, schob sie ihn ein wenig weg und meinte, sie müsse nun gehen, ob er sie begleiten wolle? Theo holte seine Jacke und sie verließen das Lokal. Der Heimweg war unterbrochen von Theos heftigen Kußüberfällen und seinem Bedauern darüber, daß sie schon so früh nach Hause wolle.
Ein Stück vor der Haustüre packte er sie besonders heftig, der Augenblick war günstig, und sie schlug in einem vermeintlichen Anflug von

Reue vor, noch etwas zu ihm zu gehen. Darüber war Theo sehr erfreut, und der Rückweg zu seiner Wohnung ging erstaunlich schnell.
Theos Wohnung kam ihr sehr bekannt vor, mit der großen Stereoanlage, den Büchern, der verwahrlosten Küche und dem noch verwahrlosteren Bett. Wie gut, daß sie sich das Duschen aufgespart hatte!
Sie ließ sich auf einer Matratze neben dem Bücherregal nieder und las die Titel, während Theo eine Flasche Wein und Gläser aus der Küche anschleppte, sich neben sie setzte, sie sich beeindruckt zeigte von der Menge der Bücher und eine Zeit lang unterhielten sie sich über Bücher, und sie legte schließlich ihren Kopf auf seinen Schoß und ließ sich ein bißchen streicheln und lauschte dem aufgeregten Rumoren ihres Magens.
»Wollen wir uns nicht aufs Bett legen«, schlug Theo vor, »da haben wir's doch bequemer.« Sie nickte und sie legten sich nebeneinander auf das Bett und Theos Hand fuhr unter ihr T-Shirt und das Bett strömte einen unangenehmen Geruch aus und sie ging in die Offensive und knöpfte seine Hose auf. Es begann ein anstrengendes Gerangel, ihre Arme schienen ständig irgendwie im Wege zu sein, Theos Küsse wurden immer heftiger und unsinnlicher und am liebsten hätte sie kurz vor dem Ziel aufgegeben. Als sie endlich nackt waren, konnte sie Theo mit letzter Kraft bremsen, er war doch ziemlich in Fahrt geraten.
Sie drückte ihn auf den Rücken und ließ ihre Zunge über seinen Hals gleiten, über seine Brust, in die Achseln, hinunter zum Bauchnabel, die Spucke ging ihr fast aus.
Dann nahm sie seinen Schwanz in die Hand, zog die Haut über die Spitze und wieder zurück und ließ ihn in ihren warmen Mund gleiten, spielte ein wenig mit der Zunge daran und Theo begann, aufgeregt zu schnaufen. Sie hielt inne und genoß diesen Augenblick ganz leise und fühlte das laute Klopfen ihres Herzens.
Dann tat sie einen messerscharfen Biß — und Theo einen gewaltigen Schrei, gleichzeitig krümmte er sich zusammen. Da war es schon zu spät. Sie richtete sich auf und nahm den Schwanz aus ihrem Mund und betrachtete ihn eingehend, ein schöner Schwanz, wirklich, sie würde es nie bereuen, daß sie ihre Vorderzähne eingebüßt hatte und dafür scharf geschliffenes Porzellan im Mund hatte.
Theo war bewußtlos geworden, zwischen seinen Schenkeln quoll in großen Strömen das Blut hervor, darunter färbte sich das Laken rot.

Sie pfiff eine kleine Melodie vor sich hin, als sie sich ankleidete, steckte den Schwanz in die Handtasche und freute sich auf ihre wohlverdiente Dusche.

Susy

Und bist du nicht willig . . .

Als sie die Kneipentür aufstieß, empfing sie Rauch, Stimmengewirr und das bekannte Halbdunkel. Sie schob sich durch die Menschenmenge, fixierte die herumsitzenden Männer und Frauen — dann entdeckte sie ihn. Er saß ihr gegenüber an einem Tisch, beugte sich vor und sprach lebhaft mit jemandem. Eine rotbraune Haarsträhne fiel über sein schmales Gesicht; als er sie zurückschob, sah er auf, erblickte sie und lächelte sie an. Der bekannte Stich machte sich in ihrer Magengrube bemerkbar, ein freudiger Schreck, Angst und Erwartung. Ehe ihre Knie weich wurden, griff sie in die Tasche und zog die Waffe heraus, klein und kalt verborgen in ihrer Hand, und sie richtete sie auf ihn. Ohne Zögern drückte sie ab, mitten in sein Begrüßungslächeln hinein, und bemerkte zufrieden sein leichtes Zusammenzucken. Dann steckte sie sie unbemerkt in die Tasche zurück, wartete, bis sich das Zittern ihrer Knie gelegt hatte und ging auf ihn zu. Über ihr Gesicht war eine warme Glut gekommen, in ihrer Kehle war etwas wie ein Bedürfnis zu lachen oder zu schluchzen . . . endlich würde es geschehen!
Sie tastete sich zu ihm durch, lächelte ihn an und nickte flüchtig seinen Freunden zu, die überrascht aussahen. Sie beugte sich hinunter und sagte, ohne ihn zu berühren: »Laß uns woanders hingehn, ja? Ich möchte allein mit dir reden.« — Er sah verwirrt aus, aber dann murmelte er, achjaaa . . . Und zu den anderen: »Ich würd' ganz gern gehen«, und ohne sie anzusehen, traf er ein paar leise Verabredungen, sie lauschte dem weichen sinnlichen Klang seiner Stimme, ohne zuzuhören. Dann stand er auf, schlüpfte in die Jacke, weiße naturbelassene Schafwolle, hängte eine Tasche um und sah sie an. Komm, sagte sie ruhig und drängte sich zuerst durch die Leute.
Als sie draußen waren, sagte sie, mein Auto steht da drüben, und beobachtete ihn, als er neben ihr zum Wagen ging. Er schwankte nicht. Wo bringst du mich denn hin, fragte er lächelnd neben ihr, und sie dachte: erstaunlich, wie es wirkt, aber wir haben nur 2 Stunden. Laut sagte sie, zu mir. Ich wohne nicht weit. — Ein paar Minuten später führte sie ihn durch einen Hinterhof zu ihrem kleinen Zimmer, ging vor ihm her, hatte ihn noch immer nicht berührt. Sie hatte Kerzen und etwas Wein bereitgestellt, es war warm und sauber, und als sie im Zimmer stand, drehte sie sich um und sah ihn an.
Sie bemerkte den etwas verwirrten, verschwommenen Ausdruck seiner Augen und die triumphierende Wärme, die von ihrer Körpermitte aus-

ging. Sie umarmte ihn mitten im Zimmer, begann ihn zu küssen und lachte zwischendurch, als er beides erwiderte, als habe auch er auf diesen Moment gewartet. Dann löste sie sich von ihm, zog sich aus und schlüpfte unter die Decken ins Bett. Er hockte sich neben das Bett, ließ sich langsam zurücksinken, wortlos begann sie, ihn zu streicheln und half ihm beim Ausziehen. »Es kommt mir komisch vor«, begann er, als er neben ihr lag, »ich hätte nie gedacht . . .«, aber sie lachte nur leise und fuhr fort, das glühende Verlangen zu stillen, das in ihr war und seine glatte, weiche, noch kühle Haut mit ihren tastenden Fingerspitzen in Brand zu setzen. —

Es war genau so, wie sie es sich vorgestellt hatte, und als sie entspannt neben ihm lag, erfrischt und wohlig wie nach einem langen Bad, vergaß sie fast, wie es zu diesem langersehnten Erlebnis gekommen war. Sie warf einen Blick auf die Uhr, die 2 Stunden waren fast um, und dann einen auf ihn. Er war eingeschlafen, die Lippen kindlich geöffnet, aber über der Nasenwurzel zwei steile Falten, seine Locken bedeckten das Kissen. Sie seufzte und wünschte, es könnte länger dauern. Aber da zuckte er zusammen wie jemand, der einen Falltraum gehabt hat und gerade gelandet ist. Er schlug die Augen auf, sah sich um und atmete heftig ein. Dann schluckte er mehrmals und sagte, »ich muß eingepennt sein . . . wie spät ist es?« Sie deutete auf ihre Uhr, und als er nach dem Klo fragte, antwortete sie träge, »wenn du rausgehst, erste Tür rechts«. Er zog sich an und warf ihr zwischendurch unsichere Blicke zu.

Als er ihr den Rücken zudrehte, zog sie aus ihrer Tasche ein zweites Mal die kleine schwarze Waffe. Während er den Reißverschluß seiner Jeans hochzog, entsicherte sie. Ruhig zielte sie auf die Mitte seines Körpers, dann drückte sie ohne Zögern ab und bemerkte zufrieden sein leichtes Zusammenzucken. So schnell entkommst du mir noch nicht, dachte sie. Laut erklärte sie: »Ich hatte die Tür abgeschlossen. Wenn du wieder da bist, schließ sie doch hinter dir bitte auch wieder ab, manchmal bekomme ich morgens Besuch, und der würde uns ja doch jetzt stören . . .«

Heidelore Kluge

Die Ballade vom Haus mit den sieben Zimmern

Mein Haus ist groß,
allein im ersten Stock sind sieben Zimmer.
Wer das Verschwendung nennt,
hat von dem Inhalt keinen Schimmer,
denn auf den Inhalt kommt es schließlich an.
Nun denn: in jedem Zimmer wohnt ein andrer Mann.

Der Montagsmann
der ist am Montag dran
und er stellt alles an,
was man nur wünschen kann,
denn es ist alles dran
an meinem Montagsmann.

Am Dienstag geb' ich mich gern jugendfrei
— das heißt: *sein* Alter ist mir einerlei.
Nichts Schöneres als eine Frühlingsliebelei,
nachdem der Monat Mai schon längst vorbei.
Nichts Schöneres als eine solche Tändelei
mit Drum und Dran und Tandaradei.

Und wenn ich mal was and'res will
— so was besonders Gutes:
der Mann am Mittwoch lächelt still
— und tut es.

Der Mann am Donnerstag ist furchtbar männlich
und einen Tag lang sind wir beide unzertrennlich.
Und in den weichen, warmen Pfühlen
läßt er mich seine Stärke fühlen.
Doch fühle ich mich manchmal etwas bänglich,
ziemlich k. o. und ganz und gar nicht unvergänglich.

Der Freitag ist dafür dem Streicheln vorbehalten,
dem Schmusen, Schmeicheln und dem Händchenhalten.
Bei Mondenschein betrachten wir gemeinsam dann den Mond,
bei Neumond etwas andres, das sich lohnt,
und flüstern süße Liebesworte uns ins Ohr
und kommen uns enorm romantisch vor.

Etwas Besonderes ist
der sechste meiner Sieben,
denn er ist Anarchist
und läßt sich nur am Samstag lieben —

Am Sonntag dann bin ich ein Sonntagskind
und habe — wie wir Sonntagskinder sind —
viel Glück: statt einem Mann
ist Sonntags auch sein Zwilling dran.
(Zu meiner Freude hat der Zwilling
seit gestern einen Drilling.)

So sieht in meinem Sieben-Zimmer-Haus
mein Alltag aus.
Doch in den Ferien tu ich etwas ganz Verruchtes,
Verfluchtes, Ausgesuchtes:
Auf einer Insel weit im blauen Meer
da hab' ich noch ein Haus — das Haus, das ist ganz leer.
Dort mach' ich Ferien vom Ich
— nichts weiter — und erhole mich.

Ich laß mich einfach von der Sonne braten
und die Philister Rätsel raten:
»Es ist schon schlimm genug,
was sie zu zwein treibt oder drein.
Was aber — was um Himmelswillen! —
treibt sie dort mit sich allein?«

Bianca Telle

Guten Tag, Du Schöne

Die völlig überfüllte Kneipe, die schönen, verrückten, entrückten Menschen, vielversprechend in ihrer unendlichen Vielfalt. Die Atmosphäre, die mir verspricht, mit Leichtigkeit Grenzen überschreiten zu können.

Sie sitzt schon am Tisch. Sie raucht, beobachtet genau so wie ich die Menschen. Sieht mir voll ins Gesicht. Ihr Lächeln heißt: genau Dich meine ich damit. Du sitzt doch nicht einfach an meinem Tisch. Ich möchte dich einladen, mit einer filmischen königlichen Geste einladen. Sei meine Gästin.

Alles nebensächlich. Die Leute, die Geräuschkulisse, der Rauch, die Musik. Nur sie. Ihre Hände, mein Gott, diese Hände. Ungehemmt begebe ich mich in Gedanken in den Wahnsinn dieser Hände.
Assoziationen rasen durch meinen Kopf. Assoziationen wie: die Berührung dieser Hände wird mir einen Schlag versetzen, der bis in die köstlichen Tiefen meiner Klitoris dringen wird. Zärtlich streichelnd, sinnlich erforschend, wildfordernd, nichts mehr respektierend.

Ich sitze ihr gegenüber und weiß, das bin auch ich. Dieser Körper, dieses Gesicht, diese Stimme — dieses Verlangen?
Warum nicht einfach sagen, was ich jetzt denke, was ich will von ihr. Ich will — ich will — ich will Dich, Deinen Körper, eine berauschende Liebesnacht, Deine Stimme, Deine Gefühle, Deine Hände.

Sie lächelt dazu. Nicht überrascht, nicht reserviert. Es ist klar, so und nicht anders wird es passieren.
Die erste Berührung. Die Hände treffen sich in der Mitte des Tisches. Da ist es, dieses Zucken in meinem Körper, das mich fast ausflippen läßt. Die Hände — weich, schlangengleich, anschmiegsam, erotisch.

Wir sehen uns in die Augen. Alles weitere ist ganz einfach. Wir nehmen unsere Mäntel, bis zu meiner Wohnung sind es nur fünf Minuten. Ich merke nicht, daß ich gehe, mich bewege. Ich bin. Ich bin jetzt ihre Hand, nichts weiter.

Oben angelangt gehen wir schnurstracks auf mein Zimmer zu, vorbei an zwei Männern aus der WG, die uns verblüfft schweigend nachsehen. Weg mit den Wintermänteln, wir holen uns die Sonne, den Sommer, den Wind ins Zimmer. Nun darf ich, nun kann ich.

Laß mich Dich ansehen, Frau. Wie schön Du bist. Zierlich, lieb, wild, ein Pulverfaß. Herausfordernd stehen Deine Nippels unter dem Pulli ab. Sie warten auf das Berührtwerden, verstecken sich neckisch unter der Angorawolle. Ich stelle mich hinter sie, drücke mich eng an sie. Spüre, rieche Wärme, Moschus, Haare, Wolle.

Meine Hände streichen über diese endlose Haarpracht, sind ungeduldig. Die Schultern, der Hals, die Arme, die Spannung wird fast unerträglich, aber ich genieße sie. Mein Ziel, mein erstes, noch möchte ich es mir ein bißchen aufheben. Verliere mich in ihren Bewegungen, die mich in all meinem Tun bestätigen, anfeuern. Der warme Körper, der vibriert. An ihren Armen wie zufällig entlangstreichen, die feste Rundung ihrer Muskeln — unter die Arme — endlich — ihre Brüste. Noch immer stehe ich hinter ihr, nehme ihre runden frechen Brüste in beide Hände. Überlasse mich dem Gefühl, daß es auch meine Brüste sind, die ich da in den Händen habe. Dann wieder werde ich fast wahnsinnig von dem Pochen in meiner Vagina, wenn ich mir diesen Augenblick klarmache. Diese Frau und ich. Behutsam berühre ich ihre Brüste, verforme sie zu immer neuem Reingreifenwollen, um sie dann wieder zart und vorsichtig streichelnd in ihrer eigenen Form zu verehren.

Ihre Hände gleiten über meine, machen meine Bewegungen zu ihren, drücken meine Hände fester an ihre Brüste. Das Kreisen und Drücken wird fordernder, bestimmter, sie stöhnt auf. Wirft ihren Kopf hinter. Plötzlich Stille. Lachen, wir beide lachen. Sie dreht sich zu mir um. Diese glänzenden, feuersprühenden Augen.
Das weiche Gesicht, der volle, feuchte Mund. Er sagt: komm ins Bett. Die Klamotten fliegen durch das Zimmer. Wir beide halten die Luft an, als sich unsere Körper das erste Mal berühren, wir in die Welt der Haut eintauchen. Weich, weich, weich, mehr. Ich will alles, Deine ganze Haut, jeden kleinen Fleck, der mir immer wieder die Bestätigung dieses Wunders gibt.
Endlos lange Zeit verstreicht, bis sie sich auf mich legt. Ihre Brüste streicheln meine, bewegen sich in meinen. Jede weiß von der anderen, was sie jetzt fühlt, was sie in ihren Brüsten fühlt, weiß, was die andere jetzt will.

Sie formt ihren Mund zu einer köstlichen feuchten Höhle, berührt zart die kleinen roten Bergspitzen, saugt, schleckt, ist Kind und Geliebte.

Ihre Klitoris auf meiner. Sie schiebt die Schamlippen auseinander. Klitoris auf Klitoris. Ich bewege mich kreisend. Nichts, kein bißchen Luft soll zwischen unseren Köstlichkeiten sein.
Meine Hände erfassen ihren ganzen Körper, die knabenhaften Hüften, ihren festen Po, in den ich ab und zu kneifen muß. Der ausladende Rücken, den ich fester an mich drücken will, näher sein, ineinander verschmelzen, eins sein mit Dir, Frau.

Sie löst sich von mir, legt sich neben mich, stellt ihre schönen Beine auf, die ich bewundern darf. Ihre Hände streichen über meine Vagina, nehmen die einladende Feuchtigkeit, hinterlassen Spuren auf meinem Körper. Dieser Duft, unser Duft. Wir freuen uns, daß es so etwas gibt, daß es uns gibt.
Ich will ihn schmecken. Meine Zunge bahnt sich ihren Weg zu dem brodelnden Herd, wird mit einem Stöhnen empfangen. Die kleine, süße Klitoris, stolzgeschwellt liegt sie vor mir. Die Zungenspitze — die Klitoris, füreinander geschaffen. Wild werden ihre Bewegungen, kein Einhalt, keine Kontrolle. Sie preßt meinen Kopf gegen ihre Scham, bis ich keine Luft mehr kriege.
Warte, warte noch ein bißchen. Laß uns zusammen diesen kleinen Tod sterben.
Ich will Deinen ganzen Körper spüren, wenn wir uns auflösen, will Dein Gesicht sehen.
Wir liegen wieder nebeneinander, fest umschlungen, wälzen uns im Bett.
Das fantastische Durcheinander unserer Körper ist perfekt. Reiben, Schlängeln, Festsaugen, Küssen, nahe, ganz nahe sind wir uns. Nehmen das Aufbäumen der anderen wahr, jedes Gefühl, jedes Spüren ist auch das der anderen. Wie gut ich Dich kenne, Dich und Deinen Körper. Stöhnen, Schreien, endlos, immer wieder. Und dann die unendliche Ruhe, Sanftheit, Friede.

Wir haben uns nicht alleine gelassen in unserem Orgasmus. Wir lassen uns nicht alleine in der Trauer, die langsam in uns aufsteigt, daß es vorbei ist, daß wir bald schon wieder in eine andere Welt eintauchen müssen.
Guten Tag, Du Schöne.

Sylwia Zaler

»Liebeswahn«

Alles, was mich an dir interessierte, war Sexualität. Es war wie ein Gift, wie eine Sucht, wie ein Balsam. Schon zu Beginn unserer Beziehung hatte mich dein Hosenschlitz interessiert, kaum daß ich dein Gesicht gesehen hatte; was sich hinter dieser weiten, im Gegensatz zu den bei den meisten anderen Männern, schlecht sitzenden, viel zu großen Hose verbarg. Obwohl du beim ersten Male ein schlechter Liebhaber warst, zeigte mir dein Ungestüm, welche Möglichkeiten in dir steckten. Du warst ungestüm, leidenschaftsfähig, nur mangelte es dir an technischer Erfahrung. Ich war vernarrt in dich, obwohl . . .
Ich betrog dich gleich zu Beginn für Geld, nahm mir anschließend ein Taxi und fuhr zu dir, um mich bestrafen zu lassen für das, was ich gerade getan hatte, ohne daß du wußtest und bis heute nicht weißt, woher ich in dieser Nacht zu dir kam. Du warst versessen auf mich, nahmst mich mit deiner üblichen Gewalt, die ein Stück rücksichtslos war und mich dennoch erfreute. Aber das alles reichte mir noch nicht aus.
Ich mußte dich quälen, mit Eifersucht, mit Entzug, mit Demütigungen, nur, um dich noch weiter an mich zu binden und dich leiden-schaf(f)tsfähiger zu machen und die Zeit des Aktes hinauszuzögern, so lange wie es nur ging. Dein Akt war kurz und gewalttätig gewesen, ohne an mich zu denken. Du kanntest es nicht besser.
Ich wollte dich nach meiner Vorstellung prägen, dich verändern, die einzige und großartige sein und dafür mußte auch ich mir Mühe geben. Alles, was mich interessierte, war, dir eine gute Liebhaberin zu sein, die beste, die du je hattest und haben würdest, ein guter Leib zu sein und dich zu beglücken und zu binden.
Ich betete dich an und mein Wunsch, dir leibhaftig zu Füßen zu liegen wie einer Statue, wurde immer stärker. Du warst nicht mehr ganz da für mich, schwebtest irgendwo darüber und dein Gesicht und dein Körper verklärten sich immer mehr für mich. Ich genoß es, vor dir zu knien, wenn du standest, obwohl ich es nie ganz offen vor dir zugeben wollte, und es quälte mich umso mehr, daß ich so feige war und es nicht zugeben wollte, und mein Bedürfnis, dafür auch noch bestraft zu werden, wuchs. Ein circulus vitiosus.
Du wurdest immer aggressiver, launischer, lauter und fordernder. Du nahmst dir das Recht heraus, mich zu erpressen, entweder mit dir nach Hause zu gehen oder mich im Auto mitten auf dem Damm zu verge-

waltigen, und ich trieb das Spiel auch noch auf die Spitze, indem ich mich zierte, damit du noch wilder würdest. Du warfst mich bei einer Party auf den Boden, fingst an, mein Kleid zu zerreißen, wie du es auch schon einmal mit einem Pullover getan hattest. Du hattest mich dort vorher damit gequält, daß du mit einer anderen tanztest, die du küßtest, während du mir dabei in die Augen sahst. Und als ich das gleiche tun wollte, hast du mich auf den Boden geschmissen und wolltest mit mir vor aller Augen vögeln. Wir gingen weg, bevor wir rausgeschmissen werden konnten. Es war Silvester.
Ein paar Tage zuvor hatte ich dich in einer Bar über eine Stunde warten lassen, um dir dann zu erklären, daß ich vorher mit einer Frau geschlafen hatte. Wir verbrachten anschließend ein paar Tage im Bett, in dem Liebesnest, das du für uns auf dem Boden gebaut hattest.
Des öfteren stieg ich nachts in dein Parterrezimmer ein und schlich mich morgens vor Tagesanbruch wieder davon, nur, um die Nacht mit dir verbringen zu können. Wir stritten uns darum, wie unser Kind, das wir nicht hatten, aussehen würde, deine blauen Augen oder meine. Wir entschieden uns dafür, das Mädchen wie du, der Junge wie ich. Nur über die Nase waren wir uns sofort einig, gebogen, wie bei uns beiden. Nie hatten wir dieses Kind gehabt, geschweige denn die Kinder, aber ich spielte dir eine Schwangerschaft vor, in allen Einzelheiten und bis zu einem imaginären Abbruch, nur um zu sehen, was du tun würdest und um dich zu quälen, indem ich mich zurückzog und dich mich nicht finden ließ. Ich ließ dir fast die Polizei auf den Hals schicken, und du suchtest mich überall. Du randaliertest, trankst, und ich lachte dir ins Gesicht und ging mit anderen davon, aber ich wußte, du littst. Ein anderes Mal sah ich zu, wie du von zwei Männern in den Magen geschlagen wurdest und ich wußte, es war deine besonders empfindliche Stelle und ich stand davor und wollte sehen, wie lange du und ich das aushalten würden. Oft hatte ich dich im Stich gelassen, wenn du Magenkrämpfe bekamst und verlangte noch mehr Kraft von dir. Und eines Tages warst du eben in das Restaurant gekommen, in dem ich arbeite und batest mich, zu dir zu kommen und versuchtest mich festzuhalten und mich mit dir zu nehmen und die beiden Kellner glaubten, du seist ein randalierender betrunkener Gast, der mich belästigte und wollten mir helfen, indem sie auf dich einschlugen. Ich sagte nichts dazu und du ließest es mit dir geschehen, ohne etwas zu sagen.

Ich brachte dich dazu, mich zu schlagen, um mich dir dann besser hingeben zu können. Ich provozierte dich, mich einzuschließen und stellte mich schlafend, als du kamst und etwas von mir wolltest. Und als du rabiater wurdest, tat ich so, als wollte ich nicht, obwohl ich nur darauf gewartet hatte, denn ich liebte deine Art zu fordern, wenn du betrunken warst, denn du warst dann noch hemmungsloser und das erregte mich. Soviele Bilder absurder, berauschender Sexualität sind in meinem Kopf.

Die Striemen, die du mir mit deinen Nägeln in meinen Rücken schlugst, ließ ich mir mit Salz bestreuen, damit die Wunden monatelang offen blieben. Nur, um dich zu spüren.

Meine Liebe zu dir war rasend. Jeder Blick, jedes Interesse, das du außer mir hattest, machte mich krank und schmerzend vor Eifersucht und jede Minute, die ich später kam, ließ dich wütend und jähzornig auf mich werden und machte uns noch begieriger aufeinander, uns nicht mehr herauszugeben. Und dann, eines Nachts, wir lagen bei dir, passierte es.

Schon zerfressen von Neid, Gier und Habsucht, Haß und Zweifeln, konnten wir nicht mehr zusammen und nicht mehr auseinander. Alles war so schrecklich und so schön. Du zwangst mich Dinge zu tun, die ich nicht wollte und doch ... Du warst besessen von Leidenschaft und Begierde und Wollust und ich auch und wir wußten keinen Ausweg und da hast du mich einfach gewürgt und ich ließ es geschehen, weil ich noch Lust bei der Vorstellung verspürte, von dir umgebracht zu werden. Diese Lust und Beseeltheit, von dir, von dir im Bett, im Akt, in Ekstase umgebracht zu werden. Es war der Höhepunkt unserer Beziehung.

Als ich ohnmächtig zu werden schien, kamst du zu dir. Es war nur noch eine Frage von Monaten, wer wen umbringen würde und ich entschloß mich, mich von dir zu trennen. Dein Geruch hatte mich zu schwindlig gemacht.

Deine Nackenbisse fehlen mir. Ich bin wie ausgelaugt. Quälende Jahre der Entwöhnung von dir folgen. Eines Nachts wirst du in einem Traum von einer Kugel mitten ins Herz getroffen und stirbst langsam. Am nächsten Morgen, aufgewacht, bekomme ich Fieber und Krämpfe. Ich erfahre, du auch. Du wirst ins Krankenhaus eingeliefert mit Herzschmerzen. Du weißt nichts von meinem Traum.

Und dann ist alles vorüber. Vorüber?

Doris

Für S., meine Große

. . . und so sitze ich auf einem sonnigen balkon und beobachte den fluß exquisiter gefühle, er gurgelt auf und ab, durchfließt magen und lunge; ich fühle sein kommen durch einen leisen druck an der magenwand und obacht! er beginnt zu rauschen, strömen! nein, es ist zu spät, ihn aufzuhalten, ich versuche mich gegen den schmerz, den er verursachen wird, zu rüsten . . . eine große blaue welle steigt auf und bricht mit weißem schaum im hals; zellen, blut, plasma welches geruht hatte wird mit emporgerissen; und so ein kurzes ertrinken in der eigenen flüssigkeit heiß und salzig, eine bewegliche blaue säule stürzt glitzernd vorbei.
und nun die ebbe; zum platzen gefüllte organe entleeren sich wieder . . . mit einem stechenden notgedrungenen ruck schnappe ich nach luft. jetzt ist alles umnetzt im leichten balsam sauerstoff, aber wieder wird nicht die zeit bleiben, einen staudamm zu bauen zum schutz vor dem nächsten sturm.

Lisa Lerche

Flugtraum

Das eine Mal hatte mir ein Mann auf der Straße eine Zote nachgeschrien. Angewidert war ich aufgestiegen, froh, ihn einfach stehenlassen zu können. Das andere Mal hatte ich bei der Arbeit Ärger gehabt. Auch da war es herrlich befreiend, mich vom Boden zu lösen und von oben aus noch einmal alles in Ruhe zu durchdenken, während ich so niedrig flog, daß ich das Firmengebäude und die Fenster meines Büros deutlich erkennen und die Leute durchs Haus gehen sehen konnte.

Jetzt kann ich es also. Auf einmal geht es ganz leicht und mühelos. Ich brauche nicht mehr wild mit den Hüften zu schlagen oder wie ein Brustschwimmer mit den Armen zu rudern. Ohne Aufhebens, wo ich gerade gehe und stehe, stoße ich mich mit den Füßen ab, strecke mich, schwinge leicht in den Hüften und steige auf. Ungehindert gleite ich durch die Luft. Den Körper waagerecht haltend, schwebe ich mit dem Gesicht nach unten in großen Kreisen über der Stadt, wenn ich die Verwicklungen dort unten beobachten und mir über meinen Standpunkt klar werden will, oder ich schraube mich in weiten Spiralen aufrecht empor und genieße das selbstverständliche, anstrengungslose Hochsteigen.

Einmal ist David bei mir. Wir halten uns eng um die Schultern, wir schweben gemeinsam und schauen auf die Stadt. Aneinandergeschmiegt, die Wärme des anderen spürend und doch frei und ungebunden treiben wir dahin, wortlos die gegenseitige Nähe und das Schweben genießend. Später sind unsere Körper miteinander vereint. Davids Glied in meiner Vagina, mein Kopf an seiner Schulter, seine Brust, sein Bauch gegen meine Brüste, meinen Bauch. Wir halten uns umfaßt, wir gleiten als *ein* warmer, ineinander verschlungener Körper hoch oben über einer offenen, grünen und braunen Landschaft dahin, drehen uns langsam um uns selbst, taumeln, tanzen durch die Luft, sinken ab und steigen wieder auf. Ohne uns je ganz loszulassen, immer verbunden durch Davids Glied in meiner Vagina, rücken wir ein wenig von einander ab und drängen uns dann von neuem aneinander. Ich fühle David überall, er ist in mir, über mir, er ist unter mir und um mich herum. Es macht nichts, daß auf einmal dicke Regentropfen auf uns fallen. »Komm, laß uns hochsteigen, über die Wolken! Oben regnet es nicht«, sage ich und schwinge meine Hüften kräftig hin und her. Ineinander verschlungen, uns gegenseitig haltend und wärmend, steigen wir auf und durchqueren die feuchtkalte Wolkenschicht. Oben, in der Sonne, ist es licht und warm. Wir treiben durch das strahlende Blau, sehen hinunter auf die dicken weißen Blasen der Wolkendecke, lassen uns vom Sonnenlicht wärmen und liebkosen. Davids Glied macht sich neu bemerkbar, es zuckt und pocht gegen die Wände meiner Vagina. Antwortend schließe ich meine Vagina fest darum und presse es behutsam, lasse los und ziehe das Glied wieder tief in mich hinein, bis es meine Vagina so ausfüllt, daß in mir keine Stelle mehr ist, an der es mich nicht heiß und feucht berührt. Im leuchtenden, unsere Haut elektrisierenden Sonnenlicht verschmelzen wir miteinander, in uns, um uns nur Lust.

Rahel Hutmacher

Mann

Küssen

Schwarze Köchin

Kopf in Schoß

Von Rahel Hutmacher erschienen
Wettergarten 1980
und
Dona 1982
im Verlag Hermann Luchterhand, Darmstadt

Mann

Mutter, Mutter, ich hab Angst.
Töchterchen, wovor.
Ich soll heute mit dem Luchs gehen, aber ich will keinen Mann. Morgen soll ich mit dem Wolf gehen, übermorgen mit dem Bären, aber ich will nicht mit ihnen gehen. Mutter, ich will bei dir bleiben. Mutter, ich will keinen Mann.
Töchterchen, du kannst nicht bei mir bleiben. Du bist jetzt kein Kind mehr. Du mußt gehen und einen Tag bei ihnen wohnen, eine Nacht bei ihnen schlafen. Dann kannst du zurückkommen und entscheiden, welchen du zum Mann willst.
Mutter, ich will keinen Mann.
Töchterchen, warum nicht. Sie lieben dich.
Sie lieben mich nicht. Sie legen mir Schlingen. Sie fangen mich mit Netzen. Sie tasten unter meiner Haut nach meinen Knochen: sie zählen sie. Sie ruhen an meiner Brust aus, dann schneiden sie mein Haar ab und verkaufen es. Nein, sie lieben mich nicht.
Töchterchen, sie sind auch freundlich. Sie legen ein Herz vor dir auf den Boden. Sie rufen, sie fragen, sie bringen dir Vieh. Sie halten dich in den Armen und liegen mit dir im Hag.
Nein, Mutter, nein, sie lieben mich nicht. Sie sagen: Rede; aber sie hören mir nicht zu. Sie durchschneiden mir die Stimmbänder, damit man mein Schreien nicht hört. Sie antworten für mich, wenn man mich ruft. Sie lieben mich nicht.
Töchterchen, sie haben ein weiches Fell: sie wärmen dich nachts. Sie bringen dir zu essen und zu trinken. Sie halten dich, sie küssen dich, sie liegen mit dir im Hag.
Ach Mutter, ja, sie küssen mich: mit einer Taubenzunge im Mund.

Küssen

Komm, ich bitte dich zu mir.
Ich will zu keinem Mann mehr kommen, ich will zu keinem Mann mehr gehn, zu keinem.
Hab keine Angst vor mir, ich tu dir nichts Böses. Ich bitte dich zu mir; du kannst kommen oder nicht.
Ich kann nicht kommen, ich weiß den Weg nicht.
Sendet er mir sein Schiff entgegen, schön grün wie Gras. Das lenkt dich, das soll dich leiten.
Wohin soll es mich fahren.
Es leitet dich zu meinem Haus. Da will ich dich küssen, da will ich mit dir bleiben und nicht mehr weggehen.
Ich will in kein Schiff mehr steigen. Ich will in keinem Haus mehr wohnen. Ich will keinem Mann mehr glauben, keinen Mann mehr küssen.
Hab keine Angst, ich werd dich hüten. Mein Haus wird uns hüten; ich will dir ein Bett bereiten.
Ich trau dir nicht.
Ich trau ihm nicht, er ist ein Mann, ich kann ihm nicht traun.
Er sagt: Du kannst kommen oder nicht. Sage ich: Ich komme nicht, bringt er mir Salz, Mehl und Ei, die drei weißen Gaben. Sage ich: Vielleicht. Da freut er sich so sehr, da eilt er so sehr und ruft: die Tiere im Wald erschrecken, verlieren den Weg und verhungern; die Fische im Wasser erschrecken, verlieren den Weg und ertrinken.
Sage ich: Ich komme, wenn.
Also muß er mir Heuwetter kochen. Also bringt er mir Feuer ins Haus. Er muß mir seinen Leitstein zeigen. Er gibt mir zu essen, er gibt mir zu trinken. Er gibt mir rote Schuh.
Ich laß mich nicht treiben, aber er treibt mich nicht. Er wartet. Jeden Tag geh ich ihm einen Vogelschritt entgegen.
Steh ich ihm schließlich vor dem Haus, hat er mich nicht belogen. Auf den Fensterriegeln liegt der Staub. Die Tür hat er vernagelt mit Zapfen und Schlössern, vermacht mit Schnüren und Knebeln.
Er hat mich nicht getrieben. Die ganze Zeit hat er gesagt: Ich belüg dich nicht. Er hat mich nicht belogen.

Also wenden sich die Blätter auf die andre Seit, also steh ich jetzt vor seiner Tür und weiß nichts mehr.
Da ist er fröhlich und sagt: Tritt ein. Jetzt nützt kein Riegel mehr: die Fenster fahren auf, und die Türe fährt von selber auf; tritt ein.
Wenn vergessen worden ist, das Bett zu bereiten; aber es wurde nicht vergessen. Wir finden zwischen den Kissen das Schlafgeld: jetzt ist es einerlei.
Jetzt laß ich mich von ihm küssen. Jetzt schließ ich die Augen und bin nicht länger wachsam. Jetzt weine ich; er läßt mich weinen, läßt mich schrein.
Abends seh ich heimlich zu, wie er sich auszieht. Er ist vogelflüssig, er ist weißbepelzt. Er hat viele Hände. Er hat zwei Zungen im Mund. Morgens seh ich heimlich zu, wie er mit den schlafenden Kindern spielt.

Schwarze Köchin

Bin ich schön, bin ich schön, bin ich die Allerschönste.
Aber er hat mich schon lange nicht mehr angesehen: weiß nicht mehr, ob ich schön bin oder schwarz. Er ist so müde, daß ihm die Augen zufallen. Er ist so müde, daß ihm der Mund zufällt. Er will nichts mehr hören. Er ist hungrig; er will seine Augen schließen und mich nicht mehr sehn.
Ich bin hungrig, ich bin müde, koch mir jetzt ein gutes Mahl.
Ich kann dir nicht kochen. Die Vögel haben mir gesagt: Du bist schön; die haben alle Butter bekommen. Die Igel haben mir gesagt: Du bist schön; die haben alle Milch bekommen. Der Wolf hat mir gesagt: Du bist die Allerschönste. Salz, Mehl und Ei hat er bekommen. Wir haben nichts mehr im Haus. Ich kann dir nicht kochen.
Tobt er und will nichts hören. Laß mich in Ruh, schreit er und läuft weg. Wohin gehst du. Ich geh zur schwarzen Köchin.
Ist die schwarze Köchin da, ja. Sie hat das Haus voll Milch und Butter. Das Mehl geht ihr nicht aus. Ihr Brot wächst den Essern unter den Zähnen. Ihr Schrank wirft Nüsse. In ihrem Keller wächst das Engelsüß: ganze Tage braucht man nichts mehr zu essen, wenn man einen Stengel dieser Art im Munde hat.
Ist die schwarze Köchin da, ja ja. Sie steht am Herd und kocht den ganzen Tag. Aber damit sie kocht, muß man ihr was geben.
Was muß man ihr geben.
Man muß ihr ein Ohr und ein Auge geben.
Ist die schwarze Köchin da, ja ja ja. Sie kocht und kocht; keiner, der zu ihr kommt, muß hungrig weggehen. Aber man muß was für sie tun.
Was muß man für sie tun.
Man muß mit ihr aus dem gleichen Glase trinken, mit dem gleichen Messer schneiden, mit dem gleichen Löffel essen.
Das will ich wohl tun.
Was muß er noch tun. Dreimal muß er ummarschieren. Dann findet er ein Brot, das nimmt kein Ende. Findet einen Brei, in dem könnt er ertrinken, ersticken: da vergißt er den Weg nach Hause. Da sitzt er nun im weißen Brei, ißt und ißt, und die schwarze Köchin lacht und hört nicht auf, in ihrem Topf zu rührn.

Hör auf, in deinem Topf zu rühren. Aber die schwarze Köchin hört nicht auf. Sie muß all die Hungrigen sättigen, die zu ihr eilen, die ihr in die Schürze klagen: Man gibt mir nichts zu essen, man gibt mir nichts zu trinken, meine Frau, die liebt mich nicht, die kocht mir keinen Brei.
Die schwarze Köchin hört ihnen nicht zu. Sie schneidet ihnen ein Ohr ab. Sie sticht ihnen ein Auge aus. Dann kocht sie ihnen und ist schwarz in ihrem weißen Brei, in ihrem weißen Ei, in ihrem weißen Mehl und Salz.
Viertes Mal den Kopf verlieren: Laß mich jetzt los, laß mich jetzt gehn. Aber sie lacht nur und sagt: Du wolltest Essen haben, jetzt iß. Du wolltest, daß dir eine kocht. Ich koch dir: sei zufrieden. Du wolltest nach Hause kommen und nichts hören noch sehn: hier mußt du nicht hören, hier mußt du nicht sehen, nur essen. Iß, oder ich freß dich.
Fünftes Mal muß sagen. Fünftes Mal, da ist dir eine lange Zeit vergangen, mein einäugiger Liebster, mein einohriger Liebster: jetzt ist dir Angst geworden. Du hast jetzt süßen Brei gegessen, der reicht dir fürs ganze Leben. Du hast jetzt in der Küche gesessen: nie wieder willst du, daß dir eine backt und brat, dir nicht zuhört und dir mit dem guten Sonntagsbraten den Mund stopft, mit dem guten Sonntagsbrot.
Nick ich der schwarzen Köchin zu, meiner klugen Schwester: du kannst ihn jetzt gehen lassen, er ist jetzt satt.
Meine kluge Schwester lacht. Meine schwarze Schwester steht an ihrem Herd und rührt. Laß ihn laufen, Schwester, schöne.
Willst du ihn denn wiederhaben.
Ja.
Also läßt ihn meine schwarze Schwester laufen. Sie öffnet ihm die schwarze Küchentür: So lauf.
Da läuft er und kommt nach Hause: ich will nichts essen, will nichts trinken, will nicht, daß ich ihm was koche. Sieht mich an und will mit mir ins weiße Bett. Liegt mit mir im weißen Bett und sagt: Du bist schön und du bist schön und du bist die Allerschönste.

Kopf in Schoß

Hüt ich seine Füchse, gut. Was soll ich machen: er legt mir seinen Kopf in Schoß, schließt die Augen und sagt: Hüt mir meine Füchse, ich bitte dich. Dann schläft er ein und überläßt es mir, daß ich eile und den Nachbarn die Hühnergatter schließe: zur Unzeit; den Nachbarn die Gänse eintreibe: zur Unzeit. Sie beklagen sich. Sie wollen noch nicht schlafen gehn, es ist noch lange hell. Aber was soll ich machen. Ich soll seine Füchse hüten, und die lassen sich nicht hüten. Die rennen den Hühnern nach, wenn ich sie nicht einschließe, rupfen die Gänse, wenn ich sie nicht eintreibe.

Deine Füchse hüten will ich nicht; aber mein Liebster schläft schon und hört mich nicht mehr.

Hüt ich seine Kinder, auch gut. Was soll ich machen: er legt mir seinen Kopf in Schoß, schließt die Augen und sagt: Hüt mir meine Kinder, ich bitte dich. Dann schläft er ein und überläßt es mir, daß ich eile und seinen Kindern Essen in die aufgerissenen Mäuler stopfe, ihnen meine zeternden Amseln aus den Krallen zerre, ihnen das zerrupfte Fell bürste. Ich muß zusehn, daß ihnen nichts geschieht von meinen zornigen Nachbarn, denen sie die Gärten zertreten, denen sie die Dächer lüpfen und vielzahnig und vieläugig in die Zimmer grinsen.

Deine Kinder hüten will ich nicht; aber mein Liebster lächelt im Schlaf, knirscht im Schlaf mit den Zähnen und hört mich nicht.

Hüt ich seine Frauen, also gut. Gut, ich hüt dir deine Frauen, nur wundre dich dann nicht. Aber er hört mir nicht zu, gähnt und legt mir seinen Kopf in Schoß, der Schöne. Er schläft ein. Er soll lange schlafen heut und darf sich nicht wundern, wenn er zu früh erwacht.

Er erwacht zu früh, und wir sind abgeflogen: schon lange. Er ruft nach uns, aber das hören wir heut nicht.

Wir treiben uns in den Nachbarsgärten herum, zertreten unseren schimpfenden Nachbarn ihren Lauch und ihren Dill; erschrecken ihre Hühner, verstören ihre Gänse: die rennen weg und kommen lang nicht wieder.

Wir packen die Kinder unseres Liebsten an den Ohren, an den Schwänzen, an den Krallenhändchen: jetzt werdet ihr gehütet. Wir zerren sie

mit uns; kommt, heut zeigen wir euch, wie man spielt. Wie man schreit, wie man tobt: von uns könnt ihr lernen.
Unser Liebster schläft und lächelt im Schlaf: gut gut. Soll er schlafen und nichts wissen. Lassen wir ihn schlafen: so sind wir ungestört.
Wir treiben uns im Wald herum: unser freundlicher Liebster würd uns nicht wiedererkennen. Er ist freundlich und kennt uns freundlich; wie würd er erschrecken, wenn er uns jetzt säh. Unsre schönen Frauenhaare stehn uns heut zu Berge. Unsre schönen Frauenmünder lächeln nicht und schweigen nicht. Wir küssen uns: unser Liebster würd sich ängstigen. Wir erzählen uns: unser Liebster müßt sich entsetzen und seinen Ohren nicht glauben. Wir schreien. Unser Liebster, würd er uns jetzt sehn, müßt ungetröstet und ratlos stehn und legte uns nie wieder seinen Kopf in Schoß.
Er kennt uns nachgiebig und ängstlich. Er kennt uns verschwiegen. Wir hüten gut: denkt er. Zärtlich kennt er uns, unser armer Liebster, zärtlich.
Heut sind wir aber nicht zärtlich, oh nein. Wir zerren seine ungeratnen Kinder durchs Gebüsch, daß sie jammern und bereuen, aber darum kümmern wir uns heut nicht. Wir packen seine frechen Füchse und wässern sie im Bach: die wildern nicht mehr. Wir zerreißen die weichen Hemden unsres Liebsten ratsch ratsch zu vielen Fetzchen und lassen es zur Unzeit schnein.
Wir sind nicht ängstlich, mein sanfter Geliebter: wir sind störrischer als du, mutiger als du und mächtiger. Wir sind nicht verschwiegen: wir erzählen uns alles, lachen und schrein. Wir hüten uns, wie du es dir gewünscht hast. Wir hüten uns wohl: küssen uns und legen uns ins Laub.
Heut sind wir wohl zärtlich, oh ja: küssen uns den Bienenflaum vom Rücken. Sammeln Fingerbeeren: einen ganzen Korb voll; verflechten unser Haar. Brennen und schrein: du würdest erschrecken, uns nicht mehr berühren, dich vor uns fürchten.
Besser, du schläfst, Liebster. Du kannst ruhig schlafen. Deine Füchs sind dir gehütet, bis du wieder aufwachst: die sitzen in ihren Löchern mit den Pfoten auf den Ohren, die wildern heut nicht. Deine Kinder sind dir gehütet: kauern zitternd im Gebüsch, die Frechen, und zündeln heut nicht mehr. Deine Frauen sind dir heut gehütet, oh ja. Du kannst ruhig schlafen.
Du kannst schlafen und spät genug erwachen. Dir die Augen reiben,

mich über dich gebeugt sehn und lächeln. Ich frage: Wie hast du geschlafen, was hast du geträumt; du erzählst es mir. Ich hör dir zu; und wenn du fragst, was hast du inzwischen gemacht, streich ich dir übers Haar und sag: Ach nichts.

Anne Amenda

Labyrinthe

halb sex, ein morgen wie frischgebackene brötchen, die sonne scheint durch das kleine fenster und krabbelt über meine nackten brüste. neben mir mein schlafender liebster, ich dehne mich, die sonnenstrahlen streicheln seinen bauch, ich auch. sand zwischen den laken. ein morgenkuß, zwei räkeln, zwei schlanke braune körper, aneinandergeschmiegte bäuche, zärtliche wangen.
noch warme füße auf dem steinfußboden, ich streife ein gelbes spitzenhemd über, ein silberkettchen um meine wartenden fesseln. entzünde ein streichholz, zischende vögelchenflamme, blaues gas, das wasser rinnt in den emaillekessel, wie in einen schwangerbauch, siedet, dampft, das kühle porzellan klirrt auf dem tisch, brot dazu, blutrote marmelade, das heiße wasser zischt auf negerbraunen kaffeeperlen.
der liebste liegt noch im bett, die laken zerwühlt, die kissen zerdrückt, komm, frühstück ist fertig, er kommt, warm, lachend, zerzaust, blonde flachssträhnen über sommersprossen. das strohgeflecht der stühle drückt muster in unsere schenkel und arschbacken. ich beuge mich über die tischkante und meine brüste streifen die geblümte tischdecke.
noch schlaf in den augen, noch trocken die lippen, vergesse die traume, der liebste lacht, die träume der nacht, die sonne steigt, heiß wird es heute, brot krümelt in meine kräuseligen mösenhaare. ich ziehe das gelbe hemd wieder aus, noch zerwühlter die laken, noch zerdrückter die kissen, der liebste öffnet meine büchse, daß der honig fließt, knetet meine nippel, so sanft und wild, steig, drachen, steig, härte an meinem bauch, nudel zwischen meinen händen, flieg, drachen, flieg, wie die vögel breiten wir die schwingen aus, lachen wir wie perlende blasen, so was wird orgasmus genannt.
immer das beste, eine zigarette danach, ermattete worte wie indisches parfüm, schwer und süß, und gesten wie dunkelgrüne samtkissen, gluckerndes weiß auf dem bauch des liebsten.
der morgen ist noch frisch, ich kämme meine knisterhaare, komm, wir wollen schwimmen gehen, pack die badehose ein, wer weiß, was morgen ist. der tisch bleibt unaufgeräumt, mit käserinden und glibbrigen eierkuppen.
ein boot bringt uns übers meer, blau, wie es sich gehört, ich lasse meine hand durchs wasser gleiten, wellen springen verliebt um das boot.
hohes schilf am strand, ein handtuch im sand, eine sanfte brise, wir ziehen uns aus, ganz nackt, weil ja alle hier nackt sind, nackte brüste,

bäuche, beine, ärsche, pralle, dicke, dünne, straffe, hängende, ältliche, kosige, rosige nippel wie orangenschalen, bäuche mit feinem flaum, federnde schenkel, versteckte mösen, baumelnde schwänze, salzwassernasse haut. der liebste streicht mich ein mit sonnenoel, mein blut wird heiß, ich drehe mich auf den bauch, seine hände über mir, massieren, meine hüften heben sich ein wenig, das oel riecht fett und nussig. so, jetzt bist du dran, des liebsten rücken ist mein entzücken, seine brötchen sind noch knusprig, hinab und hinauf meine niveahände, merkst du was? liegst immer noch auf dem bauch, dreh dich um, was, du willst nicht? nun gut, brüte deine eierchen in den sand, ich rauche derweil eine zigarette, lege meinen kopf auf deinen rücken, ach du ärmster, ist das heiß heute, die sonne liebt uns sehr, was willste mehr. vielleicht einen harem in arabien, mit sieben schönen frauen, mit sieben lockenden schleiern, mit orientalischen brüsten, mit versteckten gelüsten, die nur warten den ganzen tag, zu welcher du kommst des nachts, zur wilden aiza, zur taubenäugigen riana, zur glühenden vulcana, zur heiligen maria, zur lieblichen saida oder zur kämpferischen oleana. dann begehre ich auch einen harem, mit weibern mir zu gefallen und männern, mich zu erregen, wilden kerlen, die sanft werden unter meinen händen, schwach in mir, starke, schwarzgelockte piraten, sie können auch blondgelockt sein, ja, blond wär mir noch lieber, auch blondgelockte frauen mit duftenden körpern, wir fädeln perlenketten auf des nachts, perle an perle, welcher schimmer!

ach, mein liebster, ich bin doch hier, nah bei dir, sind meine brüste auch klein, mein herz ist dein, jedenfalls meistens. ich geh jetzt ins wasser, mein mütchen kühlen, huuhh, zittert das wasser kalt, meine rosenblätter schrumpeln, die nippel himmelwärts, aber klar das wasser, tief und wohltuend, ich tue mir wohl, winde und gleite mich, spiele mit dem mittelmeer wie eine delphinin in den flitterwochen. oh, du kommst auch ins wasser, schau, wie wir uns küssen können, umklammern unter wasser, deine beine strampeln um meine, wir verschlingen uns wie wasserfarn, wie freundliche algen, wie leicht ist doch das leben!
der liebste schwimmt weit hinaus, ich lasse salzige tropfen ins handtuch kullern und schlecke das meer von meinen lippen, hunger habe ich, hunger auf etwas glattes, kühles, rundes, etwas wie einen apfel aus dem paradies, ich bin eva nach dem sündenfall, doch meine göttin hat mich

nicht vertrieben und die schlange hat sich von alleine aus dem staub gemacht . . .
so warte ich auf adam mit schnorchel und gelben schwimmflossen, der schwimmt immer weiter raus, so muß ich den apfel alleine essen, wird er schon sehen, was er davon hat!
ich bräun jetzt meine tittchen, bin nicht mehr weiß wie schneewittchen, heute nacht zieh ich mein rotes kleid an, das mit dem tollen ausschnitt und meine goldenen stöckelschuhe und der abendwind streicht unter meinen rock, das wird fein.
neben mir ein sonnyboy, wie der mir zublinzelt, oder ist es nur die sonne? einen körper hat er wie bronze und einen schwanz, der mir gefällt und jetzt guckt er schon wieder, lächelt sogar, das lächeln trifft mich im bauch, ich lächle zurück, blaue augen hat der, wie mein liebster, o, da kommt er schon wieder, triefend wie neptun. wunderschöne muscheln habe er gesehen, rosa und weiße mösenmuscheln, die bewegten sich sanft in der strömung und tintenfische.
jetzt schlendert der sonnyboy ins meer, alle meine entchen schwimmen auf dem see, kopfchen in das wasser und schwänzchen in die höh. die sonne sinkt tiefer, wir rollen den sand in die handtücher und trollen uns zum boot, braun bist du heute geworden, mein schokoladenkeks.
das boot bringt uns wieder zurück in den hafen, wir schlürfen eine limonade, frauen in kurzen röcken und wippenden hemdchen spazieren vorbei, fischer flicken ihre netze, männer sitzen mit knappen shorts und nackten brustwarzen, ich sauge mit dem strohhalm den rest der limonade, der liebste schaut nach wiegenden hintern, ich esse ein stück sahnetorte. der nachmittag liegt träge wie eine satte katze.
unter der prickelwasserdusche spüle ich salz und sand in den ausguß, umwerbe meine brüste und killere ein wenig meine pfirsichbacken, der liebste brät hühnerbeine, ich reibe mich ein mit après lotion, wir sitzen und essen und trinken roten wein. die grillen zirpen, die dämmerung taucht die häuser in blaue milch und wir leeren die flasche bis auf den grund, durch das glas sehe ich den liebsten klein wie im märchenland, er könnte bequem auf meinem moospolster platz nehmen . . .
meine haare trocknen an der luft kräuselig in die stirn, ich schwärze meine augen schwarz und röte meine lippen rot mit einem hot red lippenstift, parfüm in die halsbeuge, der liebste macht sich auch fein, heute nacht, ich küsse ihn hinters ohr, heute nacht, es ist bald dunkel.

wir schlendern ins dorf, streichen um die tische am hafenbecken, durch die punktiert erleuchteten, weißen gassen, ziellos, lauernd, verlangsamen unseren schritt, ich hake mich beim liebsten ein, in der luft hängt der würzige geruch von fischfeuer und sünde.
ich fühle mich läufig, heute nacht, die bars sind voll, wir trinken ouzo, schlendern weiter, in einem schatten faßt der liebste mir an die brüste und ich ihn an die eier. was machst du mit dem knie, lieber hans? ja, laß uns tanzen gehen, obwohl nicht samstag ist, gehen wir in die disco chez linardo, wo es laut ist und voll und heiß und wo sich alle drängen und winden und verstohlene blicke zuflüstern, I wanna be your lover, baby, I wanna be your man.
ich dreh mich im tanz vor den spiegeln, zerre meinen ausschnitt tiefer, bewundere den schwung meiner hüften, der liebste hüpft wie ein aus dem nest gefallenes vögelchen, seine blaue satinhose spannt. eine zimtbraune frau mit lila lidschatten bewegt sich wie eine obszöne hure, barfuß, die musik ist pochend und monoton, trommeln und herzschlag, da ist er wieder, mein sonnyboy vom strand, im dunkeln blitzen seine zähne weiß über schwarzem leder und seine lippen sind voll und schwer. ich bin reizvoll, ich tanze näher zu ihm, vergesse meine scham, eröffne den reigen, ich bin die königin der nacht. komm, du bist mein zweitliebster, ich spüre deine naturgewellten blicke im rücken, weißt du, ich habe es gern von hinten, ich möchte dich betören, begehrst du mich?
ich habe viel zum verstecken, lametta um den hals und rosa schühchen, zuhause habe ich ein linnenes laken, komm, heute ruht die zeit, schau, zweitliebster, schau, wie ich mich drehe, dir zu gefallen, schau, wie ich dir gefalle, ich sehe es an deinen versteckten augen, deiner hohen stirn. ich bin die böse hexe, ich bin die, die dich fressen will, zeig mir deine knöchelchen durch die käfigstäbe, zeig mir deine fingerchen, ich werde dich mästen, ich halte dich gefangen, wehe dir, wo ist dein schwesterchen?
ich locke dich in meinen serail, doch ich muß dir gestehen, mein glühwürmchen, wir werden nicht alleine sein, aber, wie sage ichs dem liebsten?
nichts, noch nicht, nur seinen schatten küsse ich ...
ich schwimme das flußbett meiner wünsche hinab, klippen und strudel, heute will ich die mündung erreichen, das meer der verbotenen gelüste.

ich will zwei liebste, einen links, einen rechts, einen über, einen unter mir, zwei geschlechter, die mich begehren, vier hände, die mich reizen und ich schließe die augen und schwimme fort, kommt, kommt beide, schaut, wie ich mich drehe, euch zu gefallen, schaut, wie ich euch gefalle. ich bin bezähmbar, die nacht ist ein riesenrad und wir kommen nie mehr zur erde zurück.
eigentlich ist alles ganz einfach, meine beiden, schneidet nur eure stricke durch, hier ist ein scharfes messer, wir legen mosaike auf unsere haut, so bunt und glänzend wie neonsplitter, ich bin rein wie die flamme eurer träume, ihr seid so begehrenswert, meine möse pocht, der zweitliebste lacht ein lachen wie seidenfäden von spinnen, ich trage keine unterhose, mein rock wirbelt pirouetten beim drehen, könnt ihr es sehen, mein fötzchen frisch gewaschen.

an der bar gedrängel, ich schlürfe einen martini rot mit orangensaft, möchtest du einen schluck, liebster? auch für dich, zweitliebster. unsere lippen am glasrand, mein lippenstift färbt lippenstiftrote halbmonde, wake up and make love with me, die basse bummern, wir tändeln auf dem metallquadrat, unsere augen flüssiges opium, hinter dem haus rauscht das nachtmeer, der mond ist sichelförmig zunehmend und schweiß näßt unsere achselhöhlen, wake up and make love with me. wir drehen uns langsam zueinander wie die seesterne. wie zufällig berühren wir uns, vorbeifliegende flaumfederchen.
wenn ich die augen schließe, so funkelt ihr doch goldene reflexe und ich weiß, nie könnte ich glücklicher sein wie jetzt, kommt. fragt ihr, was wir machen können?
welche frage, knabbert an meinen schenkelchen, kitzelt mich mit euren zungen, wir zünden tausend kerzen an und schmilzen in ihrem wachs, wir durchdringen unsere häute schicht um schicht, streifen sie ab wie winterschlangen.
du preßt deinen harten stengel an meinen bauch, du deinen an meinen rücken, sandwichsex, welch ein schmaus, ich schlecke die ersten tropfen von euren kuppen, durstig bin ich, meine zuckerspätzchen, liebkost meine mäuler, elektrisiert meine purpurblüten. die nacht wird feucht von unseren küssen, schiebt rosendornen in mein geschlecht, laßt euch gehen, ja, fickt mich, fickt mich die ganze nacht, ich werde es euch gutschreiben. ja, so ist's geil, macht weiter, ich stehe nicht auf diät, ihr sollt

schmelzen zwischen meinen spuckenden schenkeln. fickt mich wie eine hündin, heute nacht, noch bevor die wünsche erblassen.
seid ihr müde, bringe ich euch coca cola und kartoffelchips, da könnt ihr euch stärken, dann schlabbere ich euch mit meiner gierigen zunge, wie ihr es wollt.
laßt uns kirschkugeln pflücken, liebster und zweitliebster, es ist nicht weit zu meinem bett, luftballons über meinem dach und perlenschnüre in der tür, nur der mond schaut durch mein fenster, es wird euch gefallen, kommt, meine möse kribbelt.
ich werde mich euch ergeben, meine luder, schleckt mich, leckt mich, lockt mich, oelt meinen arsch, gleich kommt's mir wie mairegen . . . ich säuge euch wie eine römische wölfin, unberührbar wie eine madonna, die geilste aller huren, laßt uns tango tanzen in paris.
unsere schatten werden uns einhüllen.
kommt, heute nacht . . .

Elvi Watz

Anna

Als er an diesem Sonntagnachmittag in das kleine Zimmer trat, das Anna, wie er meinte, übertriebenerweise als ihre Wohnung zu bezeichnen pflegte, fand er sie nicht wie gewohnt, scheinbar in der Untätigkeit auf ihn zu warten vollkommen aufgehend, manchmal erfreulicherweise schon im Bett liegend — in Unterhosen, auf denen sie bestand, zumindest für den Anfang — und an die er sich, weil es bequemer war als diese hintergrundsuchenden Gespräche, mittlerweile gewöhnt hatte.

Diesmal schienen schon die ausgetretenen Treppenstufen auf eine andre, eine äußerst aufdringliche Art zu knarren, und die alte verzierte Holztür war sonderbarerweise nicht wie sonst schon einen Spalt breit geöffnet, was seinen Besuchen diese wohltuende Selbstverständlichkeit gab.

Schon hinter der Türschwelle, dort, wo die Holzdielen noch nicht von Teppich bedeckt waren, trat er mit seinem rechten Fuß auf eine Bananenschale, die ihn jedoch nicht in Bedrängnis brachte, denn schließlich stand gleich in der Nähe der alte Ohrensessel, an dem er sich festhielt.
Nachdem er mit einem ersten Blick Anna umfaßt hatte, erwies sich diese Stellung als eine vorteilhafte.
Anna saß, die Beine auf undurchschaubare Art verschlungen, nackt auf ihrem Bett und war gerade dabei, die obere Hälfte einer Banane mit weit vorgewölbten Lippen in ihren Mund aufzunehmen.
Wäre weiter nichts zu bemerken gewesen, hätte er diese wunderliche Tätigkeit eben noch als etwas, das es großzügig zu tolerieren galt, betrachtet. Im Bemühen, die Situation zu erfassen, vorsichtig tastend umherschauend, konnte er aber die im Zimmer verstreuten Bananenschalen, — es mochten an die 40 Stück sein — auch mit größter Anstrengung nicht mehr als zwar bemerkenswerte, aber keine bedeutende Veränderung schaffende Angelegenheit, betrachten.

Weil Anna sich seiner Anwesenheit überhaupt nicht bewußt schien, zumindest weiter Bananen aufpellte, um sie dann, manchmal mit verzückt rollenden Augen, genüßlich aufzuessen und dabei den nicht zu übersehenden Eindruck erweckte, etwas zu tun, was sie gänzlich zu befriedigen, ja scheinbar zuweilen in richtige Glücksmomente zu versetzen schien, blieb er hinter dem Ohrensessel stehen und beschloß, als der Bananenschalenberg zu immer bedrohlicheren Ausmaßen anwuchs, so daß schon alle nicht mit Möbeln verstellten Freiräume des Zimmers eingenommen waren, während Anna zwischen ihren kauenden Zähnen Laute hervorstieß, die ihm, von wahrhaft andren Momenten her vertraut, jetzt auf erschreckend unangenehme Weise berührten, daß es wohl an der Zeit sei, seine Sonntagnachmittage auf andre Art zu verbringen.

Sara Nova

Auszüge aus
»ich bin so anders, wissen Sie . . .«

Ein Buch, das noch einen Verlag sucht.

sprechen
liebkosen/ihre zärtlichkeit
ihre und meine angst.
erleben wir neues, aufregendes.
außerordentlich wollüstig.
ihre bewegungen geben mir nahrung und atem.
ich weiß nicht warum,
ich weiß nicht was ich tat,
noch was ich will.
ich zieh mich nackt vor ihr aus,
als sie von der party mit zu mir kommt.
angeschmiegt von weichen körpern,
betaste ich alle orte ihrer schönheit,
liebkose ihre brüste, ihren hals, ihr gesicht.
der bauch ist heiß, ihr bauch.
tasten.
im feuchten schamhaar spiele ich
und kitzele leise diesen eingang.
tiefer
einzudringen, ich wage es, zart.
körperwellen geben mir mut,
geben mir die lust
und so winde ich mich, springe und lecke,
die stirn, das gesicht,
rutsche tiefer hinunter.
fast falle ich aus dem bett.
schmecke ihr salz auf allen körpern.
hitze umwebt mich,
feuchter nebliger geschmack
mundet auf meiner zunge.

den geruch an den händen überall
wo ich bin
selbst beim reden noch stütze ich mein kinn
in meine hände.
die finger umkreisen die nase
ihr nah genug zu sein.
eigenwillig benetzt strömen sie liebesduft aus.
steigt in die nase
und ich atme tief ein, stunde um stunde.
nichts wegwaschen,
den geruch zu ernüchtern.
ich sehe und fühle wieder die liebeshaut,
wenn ich in diesem tiefen atem mich erfrische.
eben liebten wir uns noch so sehr
und ich nahm aus unserer liebe
tropfen mit auf meinen fingern.
wie kleine spitze hügel so tropfenförmig
an den innenseiten der fingerspitzen,
so empfindsam bin ich.
und überall
wohin ich gehe
zieht liebesduft mir nach,
bin ich nicht allein.
atme ich ein.

Sonja Triendl

Mozart als Mann

Eigentlich hatte sie gerade heimgehen wollen, aber als der Blonde, der ihr vorhin Feuer gegeben hatte, mit ihr ein Gespräch anfing, ließ sie sich drauf ein. Und bald bekam sie Lust nach seiner Umarmung. Natürlich wäre sie dafür nicht bis Neuperlach gefahren oder hätte ihn mit zu sich nach Hause genommen, aber da er in der Nähe wohnte — sie sperrte ihr Fahrrad auf und fand es angenehm, daß er es schob und den anderen Arm um sie gelegt hatte.
Im Aufzug sagte er entschuldigend, daß es bei ihm noch nicht sehr gemütlich sei, er habe die Wohnung gerade erst übernommen.
Als sie vom Pinkeln zurückkam, hatte er eine Kerze angezündet. Er umarmte sie, sein Schwanz war schon steif. Das erfüllte sie irgendwie mit Dankbarkeit. Kürzlich mit Robert, das war schlimm gewesen, vor allem, weil Robert so aggressiv geworden war, ganz im Gegensatz zu Klaus, der ja auch nicht immer konnte.
»Ziehn wir uns gegenseitig aus!« flüsterte er. Er war schön mager, nur wenig behaart.
Seine Bewegungen waren anmutig und kraftvoll zugleich. Sie ließ sich wohlig treiben.
Als sie still lagen, fiel ihr ein, daß er sie gar nicht nach ihrem Namen gefragt hatte. Sie dachte an ein Erlebnis, wo es ähnlich gewesen war und und mußte lachen.
Auf seine Frage erklärte sie es ihm, aber viel wollte er gar nicht wissen, sondern kam noch einmal in sie. Diesmal hatte sie keinen Orgasmus, aber sie fand seinen Körper sehr angenehm und weich.
Als sie ihn schlafend glaubte, stand sie auf, aber er merkte es und streckte die Hand nach ihr aus. Sie sagte, daß sie jetzt gehen wollte. Schlaftrunken bat er sie um ihre Telefonnummer und sie schrieb sie auf einen geöffneten Brief, der neben dem Telefon lag.
Während sie ihn küßte, schlief er wieder ein, und sie verließ leise das Appartement.

Aber bei sich zu Hause kann sie auch nicht einschlafen. Wahrscheinlich ist bald Vollmond.
Sie gießt sich ein Glas Wein ein und legt eine Platte auf. Und weil es die Krönungsmesse von Mozart ist, zündet sie auch eine Kerze an.

Die sanfte Flamme ruft ihr den Jungen von vorhin in Erinnerung. Sie streicht über ihren Körper, wie er es getan hatte. Vielleicht hätte sie doch noch bleiben sollen.
Hat der Tenor eben wirklich von Potenz gesungen? Nein, es heißt natürlich pater omnipotens, allmächtiger Vater. Ach Mozart! Dich liebe ich schon so lange. Und du törnst mich sogar an, Wolfgangerl du! Sicherlich warst du ein wundervoller Liebhaber.
Wenn ich damals gelebt hätte! Mit einer schönen Stimme begabt! In der sonnendurchfluteten Kirche würdest du dirigieren, daß dein Zöpfchen auf- und niederwippen würde. Und ich sänge den Sopranpart. Ich sänge in allen deinen Werken und könnte dir vielleicht aus deinen dauernden Geldnöten helfen. Im Extremfall würde ich — ja, ich würde mit dem vielgerühmten weiblichen Geschick vorgehen, ganz anders antichambrieren als du, nämlich nicht demütig mein Haupt senken wie du es mußt, sondern die Hoheiten meinen Busen sehen lassen!
Ob ich es dir erzählen würde? Natürlich! Ich weiß, daß es dir nichts ausmachen würde, denn die Liebe zwischen uns wird davon nicht berührt. Halbtot würdest du dich lachen, wenn ich dir beschreiben würde, was für einen Schwanz seine Durchlaucht hat! Hosanna in excelsis!
Oder ich bin eine Klosterschwester, die im Chor zur höheren Ehre Gottes singt. Schon während der Proben zu dieser Messe hab ich gemerkt, daß mir in Herrn Motzarts Gegenwart ganz wunderlich wird. Und wenn er zu mir hinschaute — und er tat es häufig — glaubte ich schier ohnmächtig zu werden.
Miserere nobis. Was soll aus uns werden. Ach, ich glaube, daß der gütige Vater im Himmel unsere Vereinigung gutheißt. Er verzeiht mir, wenn ich den Herrn Motzart im Augenblick mehr liebe als seinen eingeborenen Sohn. Hat er ihn mir nicht geschickt?
Benedictus qui venit in nomine domini. Gelobt sei, der da kommt im Namen des Herrn.

Christiane Binder-Gasper

Von Christiane Binder-Gasper erschien 1980
der Gedichtband *Rot und Tauben,*
Edition Neue Wege, Berlin

lust und hände

über die klaviertasten die weißen hände des interpreten. langgezogene weiße finger tippten die tasten an. weich. hart. musik.
uta saß seitlich. das braune gesicht in einem schlaf, die lippen weiß und genau herausgeschnitten.
ein mund, messerscharfe küsse. die hände hielten ihren kopf. braune gestreckte hände. kraftvoll die olivensommer neben den engerlingweißen dünnen fingern des klavierspielers, utas hände. mona saß in diesen händen, die musik tropfte auf ihre haut, riß ihre poren auf. ihr geschlecht zog sich zusammen. die schamlippen wurden größer, prall, als uta sie aus dem saal führte mit ihren händen an ihrem nackten hals, dort wo die silberkette ihrer mutter saß, das medaillon des todes. das konzert war zu ende. utas hand an ihrem hals. sie gingen langsam zwischen den skulpturen von arp auf und ab, ihre hüften aneinandergelehnt, wärme durch das kleid. austausch ihrer wärme.
die skulpturen hatten keine hände. runde formen, geschlechtslos. mona schluckte ihre schreie und utas küsse. ihr speichel vermengte sich. die dünnen töne des wieder aktiven klaviers umwehten warme frauenhüften. utas hände in denen mona saß mit ihrem breiter und breiter werdenden geschlecht, ganz feucht war sie zwischen den beinen, jetzt geriet sie in utas fingerkuppen, die sich durch ihr schamhaar hart und bestimmt eindrängten mit diesem ring aus silber. durch den stoff biß mona in utas brustwarze, hielt sie in ihrem mund. die brustwarze wurde hart. der klavierspieler gab eine zugabe.

der alte grieche

weiße treppen aufwärts. der mond voll und rund über der akropolis. weiße treppen. schwer vom wein, aber leichter schritt, fast fliegen. das weiche fallen des stoffes um die hüften. unter dem langen kleid war sie nackt. der geruch von blüten in der luft. das klappern von tellern. gelächter. stimmen. ein auto, das aufheulte, scharf bremste. stille hinter den fenstern. der mond, der sich im glas spiegelt. manchmal eine kerze. er saß zwischen seinen kleidern. sein bauch wölbte sich wie eine kugel. sie fand ihn lächerlich, kicherte. schönes fräulein, ein glas wein. sie trat ein zwischen die kleider, fühlte den stoff. das rote da vielleicht. er stand hinter ihr, sie spürte seinen atem, ein heißer atem, feucht. sie trank wein. er trank nicht mit ihr. saß da, die hände unruhig über dem bauch auf und ab. in seinem gesicht stand die geilheit dick, klebrig. breitete sich aus, fuhr ihm in die hände, hände, die sich auf sie zubewegten. ja sie wollte das kleid anprobieren, trat ganz hinein, er keuchte, sie fand den spiegel weit hinten, er schloß die türe. dann waren seine hände an ihrem körper, packten zu, er war so häßlich, speichel floß aus seinem mund, ein schiefer feuchter mund, er versuchte sie zu küssen, der alte häßliche kerl, sie schwelgte in ihrem ekel, dieser süße ekel, sie nahm seine hände und preßte sie an ihre schenkel, er griff zu, stöhnte, der dicke kerl zitterte, während er mit den klebrigen fingern in ihr spielte, versuchte er die hose aufzuknöpfen.
komm ficken, sagte er. komm leg dich hin, er schwitzte, nahm ein weiches fell, sie legte sich hin, zog ihn mit, er wollte nicht hineinstoßen, hatte angst vor der krankheit, hast du angst vor der krankheit, sagte sie, hast du angst, sie lächelte, komm, er hatte angst. er wollte von hinten, sie ließ ihn nicht, zwang ihn vorn in sie hineinzustoßen, die gier war größer als die angst, er kam, beschmierte sie mit seinem samen. vielleicht bin ich wirklich krank, habe ich die krankheit, sagte sie zu ihm, lächelte. ich nehme das kleid und das fell sagte sie, können wir jetzt essen, sagte sie, er wollte nicht mehr, er war satt und hatte angst, versteckte seinen dicken bauch mit zitternden händen in der hose, die kurzen beine unter dem bauch bewegten sich abwechselnd, aber sein glied war groß und dick gewesen, hatte ihr gut getan, die geilen hände ließen sie jetzt los. sie gingen durch die nacht, er wollte sie loswerden,

aber sie blieb dicht bei ihm, zwang ihn, sie zum essen auszuführen, ein grieche, der fünfzig ist, ein geschäft hat und geld, ist älter als sein gesicht. er ist voller gier, nach besitz, voller gier nach einer frau, einer frau, die billig ist, die er kostenlos haben kann, das steigert seine geilheit, da werden die hände so schön ekelhaft, sie sah in sein gesicht, angst wich haß, wieder lachte sie auf. dann saßen sie im feinen restaurant. die leute kannten ihn hier. er versuchte ständig abstand zu halten von ihr. sie rückte dicht an ihn heran. legte ihre hand auf seine hände, lächelte den kellner an, der kellner war jung und schön, wie nur ein grieche sein kann, schmal und groß, eine so schmale taille, diese hüften konnten auf einer frau tanzen, eine nacht lang, einen tag lang, tage und nächte, er würde nicht müde werden, sie wußte es, die dunklen halblangen haare schnitten sein profil gerade, die schmale nase, unter dichten wimpern schwarze augen. der alte bestellte das essen, sie zwang ihn ein kavalier zu sein, sie zwang ihn, er besprach mit dem kellner welcher wein zu welchem gang, am liebsten hätte der alte sie zerkratzt, zerschlagen, erwürgt, er war ja so höflich und sie blieb sanft weiblich, sie sagt zu ihm, möchtest du schon wieder, noch einmal, möchtest du, könntest du schon wieder, er versuchte sie am sprechen zu hindern, versuchte dieses lächeln aus ihrem gesicht zu nehmen. jetzt öffneten sich ihre lippen. ein wenig speichel floß heraus, geilheit breitete sich in ihrem gesicht aus nur für ihn, der kellner bekam den hilflosen blick aus großaufgeschlagenen blauen Kinderaugen. der alte zitterte neben ihr, vor wut und vor gier. sie hatte kein mitleid mit ihm. streifte seine beine, klammerte eines ihrer beine um sein bein, preßte ihr bein in seine mitte, der bauch hindert sie daran, bis zum letzten zu gehen.
er konnte sein gesicht nicht mehr halten, während er mit messer und gabel aß, die weiße serviette faltenlos in den halskragen gesteckt, tropfte ihm der samen in die hose, er zuckte an ihrem knie, erschlaffte, legte messer und gabel hin, wischte sich den schweiß ab. sie aß mit zierlichen handgriffen. ihre hände waren schmal und weiß, die fingernägel gleichmäßig-oval rosa lackiert.
sie aß langsam. genoß die ausgesuchten speisen, der kellner wechselte den wein, nahm ihr noch nicht ausgetrunkenes glas weg, serviert champagner, sie sah die dicken finger des alten.
sie bedankte sich für das gute essen, fuhr ins hotel.

die vase

spätsommer, gelb fuhren die züge davon. tujahecken hielten das geräusch klein, es verebbte bevor es in den garten kam. tujahecken hielten jede stimme ab, in diesem sommer erschreckte mich die vase. sie stand in seinem zimmer stumpfe braune glasur, zweihandlängen hoch mit einer zweidaumengroßen öffnung. er zeigte mir die vase, wir saßen in seinem zimmer, er schnitzte christus aus holz, immer wieder aus holz, nagelte ihn dann an das kreuz. ich saß neben ihm, spürte jeden schnitt, den er ins holz grub, spürte ihn rund um meinen nabel, meine haut wölbte sich, ich wünschte mir seine hände an meinen brüsten. jeden tag schnitt er das holz, schnitte brannten in meinem leib, ich wartete.
er legte das schnitzmesser zur seite, hielt mich in seinen armen ich biß in seine hand, er schnitzte meinen leib, zog furchen in meine haut, samtene rinnen, streichelte, streichelte. warum schnitzt er nicht christus aus mir, dachte ich, warum nagelt er mich nicht an das kreuz. er sagte, ich kann nicht, warum fragte ich, ich habe zu lange geschnitzt, ich kann nicht anders, nur holz, sagte er nur holz. die vase ist schuld. die vase, sagte ich, warum diese vase. wie soll ich es dir sagen, antwortete er, diese vase war meine frau in all den jahren, verstehst du, sie war es, die mich befreite. jetzt bist du da, nicht tönern, nicht hölzern, so weich, weich, ich kann nicht. vergiß die vase, sagte ich, du wirst dich an das weiche gewöhnen, ich warte. als ich am morgen aufwachte stand die vase mit dahlien gefüllt neben unserem bett, er lag neben mir, griff in meinen leib, hielt mein geschlecht fest in seiner hand, es geht nicht, sagte er wieder, er wühlte seine hände in mich hinein, biß küsse in meinen mund, sprang hoch, riß die dahlien aus der vase, goß das wasser aus dem fenster, stand nackt neben dem bett, hielt die vase in der hand und trieb sein hartes glied in die öffnung der vase. ich sah, wie er die vase streichelte, rieb und rieb, wußte, daß es nie gehen würde mit ihm. ich stopfte mir das weiße laken in mein gieriges geschlecht, er stöhnte, fiel auf mich, riß mir die hand weg und trieb mir seine finger in den leib.
gebetbücher und kapellen. vorspiel zum sonntag. während sein freund orgel spielte, sagte er, vier hände möchte ich haben, eine hand streichelte mein geschlecht unter dem stoff, die andere preßte meine brüste zu-

sammen, er drückte mich an dem samtvorhang vorbei in den beichtstuhl, das holz knarrte, er fiel mit seinem tabak- und männeratem auf meinen mund, öffnete mir die lippen, seine zunge füllte mich aus. orgelmusik und holzgeräusche. meine schamlippen zuckten in seiner hand, mein bauch spannte sich, ich kam, er trocknete sich seine nasse hand am samtvorhang.
weichgemacht in seinem breiten holzbett mit seinen händen. in der nacht wälzten wir uns nackt im hohen ungeschnittenen gras. er band mich mit seinem ledergürtel an einen kiefernstamm, kniete und seine zunge streichelte mich zwischen den schenkeln bis ich weinte und schrie und lachte, und weinte und lachte, zitterte und wurde ruhig in seinen händen.
am nachmittag ging ich in den garten, streckte die hände durch die tujahecken, spürte die luft auf den handflächen und dachte, es wird zeit zu gehen.
der kleine bahnhof roch frischgekälkt, ich stieg in den zug, fuhr in die stadt zurück, fort aus dem haus, wo er christus schnitzte, immer wieder schnitzte und ans kreuz nagelte. in meinem zimmer ließ ich den koffer fallen, riß das fenster auf, die geräusche der stadt beruhigten mich. merkwürdig waren sie dort draußen. seine frau hatte ich kaum zu sehen bekommen. manchmal, wenn ich am morgen aus dem fenster gesehen hatte, stand sie dort im hohen ungeschnittenen gras und sichelte, bückte sich, nahm einen stein auf, warf ihn hoch, sichelte weiter.
die männer spielten schach, nächtelang saßen sie vor dem brett, sprachen nicht, kauten an der pfeife. an einem abend hatte ein freund von ihm seine geige mitgebracht, der mann mit dem schweren körper, dem braungebrannten kopf ohne haare, die lippen breit und voll und rot, spielten mit, wenn er den bogen über die saiten zog, sein gesicht ging auf, bekam hügel und einschnitte, fiel wieder zusammen, seine stirn zeigte röhren, die sich mit den schauerlichen geigentönen ausbreiteten.
ich hatte im sessel gehockt, zugehört und mußte das lachen verbeißen, das in mir hochkommen wollte. seine hände. diese hände. sein glied wurde nur in der vase hart, nicht in mir. mir wird heiß, wenn ich an seine hände denke. madonnen schnitzt er auch.

auf meinem rücken wächst gras.

für Brigitte

1.

sie lehnte am bretterzaun, Hardenbergstr., nachts, warmer oktober 1978. sommeruni. frauen. schöne große wärme in mir. neue sicherheit. sie lehnt am ungehobelten holz neben dem plakat mit dem feinen harlekinsgesicht marcels. das plakat schwarz dick aufgetragenes weiß, nur der mund eine dünne spur rot. daneben sie, auffällig hochgereckt, schmalhüftig und großäugig. ausgefranste cordhose, ausgewaschene farbe, grün, dunkel, grau. auch das baumwollhemd verwaschen, etwas zu klein geworden vom vielen waschen, spannt sich dünnschalig um ihren körper. sie spielt ein bild von sich. das bild eines knaben mit mädchenhafter schönheit, das bild von der schönen traurigkeit, von der einsamkeit, die sich schön gemacht hat. sie spielt sich als bild und steht schön hinter ihrem gespielten bild. fast könnte ich schwören, daß auch sie ein dickaufgetragenes weiß im gesicht hat, aber es wäre eine lüge. sie ist ungeschminkt. ich gehe lachend laut, fast schreiend über die straße. der mond steht voll. die hochhäuser glänzen. innenhöfe bleiben im dunkel.

2.

diese geschichte muß ich vom ende her erzählen, das ende ist näher, also ich erzähle das ende. ich war ein spiegel für diesen schönen vollbusigen knaben vor dem bretterzaun, ein spiegel mit rändern aus faltigem rosa. ein englischer rasen in meinem blick, das auge streift den himmel, düsteres blau nur weil der abend herantappt. zwei hände, an denen ich das alter von tina erkenne, ältere hände, längeres leben, daneben meine tapsigen kinderhände, sehen jung aus, ohne schönheit, nur jung, die kurzgeschnittenen nägel belanglos. daneben tinas hände, oval die nägel gefeilt und wieder gefeilt, am wachsen gehindert, in die form gezwungen, absichtlich. in meinen erschrocken aufgerissenen augen spiegelt sich ihr gesicht. sie kratzte, sie schrie, sie biß, sie drückte zu ihre hände bösartig stark und starr an meinem hals. diese schwäche in meinem

rücken und dieses leichte gefühl, daß auch der tod leben ist. ihre hände lassen meinen hals los. ich sehe ihre fingernägel glatt und fehlerfrei lackiert. es ist nichts abgeplatzt von dem fast schwarzen rot, nur etwas blut welk und unfrisch, spuren von mir.
zwei männer auf dem rasen liegend haben sich nicht bewegt, soll das heißen, daß ich nicht schreie, nicht um hilfe rief. ja, das war es, so völlig erstickt zu sein. liebe.

Gisela Schalk

Ein Lied

Ich möchte mit dir spielen

Ich möchte mit dir spielen
in allen Haaren wühlen
deinen Herzschlag fühlen
an dir mein Mütchen kühlen.
Ich möchte auf dir Pferdchen reiten
dabei 1000 Albernheiten
dir ins Ohr reinflüstern
dir ins Ohr reinflüstern.

Ich möchte mit dir prahlen
für dich mal alles zahlen
und deinen Bauch bemalen
dich wählen bei den Wahlen.
Ich möchte gern als Kindlein klein
mit dir in einer Pfütze sein
und uns mit Matsch bespritzen
und uns mit Matsch bespritzen.

Ich möchte an dir naschen
mir deine Hüften kaschen
zerwühlen die Hosentaschen
nen heißen Blick erhaschen.
Ich möchte mal die Nordsee sein
und lade dich als Sturmwind ein
komm laß uns richtig toben
kamm laß uns richtig toben.

Ich möchte mit dir raufen
ein Rieseneis dir kaufen
dich untern Tisch mal saufen
im Wald mit dir verlaufen.
Ich möchte mal ne Schneefrau sein
mit dir als Schneemann, dann zu zwein
im Sonnenschein verschmelzen
im Sonnenschein verschmelzen.

Ich möchte von dir singen
dir Gänseblümchen bringen
nackt mal auf dich springen
dein steifes Glied verschlingen.
Ich möchte gerne Erde sein
als Mäuschen grab dich ruhig ein
ich wärm dich einen Winter.
ich wärm dich einen Winter.

Ich möchte mit dir fliegen
von dir 10 Kinder kriegen
dich mal zum Kreis verbiegen
auf Wolken mit dir liegen.
Ich möchte, daß du Pudding bist
und ich das Kind, das dich aufißt
bis auf den letzten Krümel
bis auf den letzten Krümel.

Rafaela Rabe

I.

Wir gucken fern. Meine linke Hand liegt auf Deinem Oberschenkel. Ganz nah ... Hitzewellen. Dein kühler heller Blick streift mich flüchtig von der Seite. Ich berühre mich selbst, will Dich damit anturnen, winde mich etwas, stöhne leicht. Deine Hand ruht fast über der meinen und verfolgt jede meiner heftiger werdenden Bewegungen. Ich drehe mich zur Wand und konzentriere mich nur auf meine schwellende Klitoris und Deine ganz leicht über meine Hosennaht streichenden Finger. Je mehr ich mich bewege, desto mehr sehne ich Deine Leidenschaft herbei. Stelle mir vor, wie Du Dich nicht mehr zurückhalten kannst. Aber Du mimst weiterhin kühle Distanz und ziehst Dich im entscheidenden Moment völlig zurück. Als ich laut aufstöhnend komme, umfaßt Du mich und blickst mich durchdringend an. Die Sendung läuft noch ...

II.

Wir küssen uns. Deine Zunge gleitet weich warm feucht zwischen meine Lippen. Du kitzelst meine Brüste, Brustwarzen, es durchschauert mich. Du löst das durch Deine Berührungen gegebene Versprechen nicht ein. Ich berühre mich selbst und stelle mir vor, wie meine inneren Lippen Deine Lippen durchfurchen. So lange auf und ab, bis Du kommen kannst.

III.

Gespräche am Küchentisch. Distanz mimend. Drunter ohne. Beine leicht angewinkelt, Schwellen, Leidenschaft. Eisgrau-blauer Blick. Kleine Pupillen, die sich selten weiten. Lächeln. Wir halten uns an die Abmachung. Du gabst ihr ein Versprechen. Wir suchen neutralen Boden auf.

IV.

Telefon um fünf Uhr morgens. Ich hänge halb aus dem Bett. Die Strippe ist zu kurz. Wir reden kaum. Beide atmen kürzer. »Machst Du's?« ... »Du?« ... »Ich auch« ... »Kannst Du?« ... »Ja, bald« ... »Gleich«. Schweigen. Atmen. Leichtes Stöhnen. Dann alles lauter schneller heftiger. Ich spüre Deinen Orgasmus und klammere mich eisern am Hörer fest, um nah bei Dir zu sein. In Dein sanftes Hinübergleiten in den Schlaf hole ich Dich durch mein stoßweises Atmen zurück und Du bekommst mein Aufbäumen mit.

V.

Mit der Linken am Steuer, die Rechte umfaßt Deine Hand. Unsere Finger spielen gleiten streichen streicheln drücken pressen, senden Hitzewellen aus. Willst Du? Jetzt? Wo? Bei Ellis Bier Bar angekommen gehn wir zusammen in dieses düstere Winz-Klo mit dem breiten schwarzgekachelten Fensterbrett. Du sitzt oben mit nacktem Unterleib, ich sitze auf dem Klo, umfasse Dich, ziehe Dich näher und sauge lecke zwischen Deinen Oberschenkeln, während ich Dich mit der ganzen Hand innen umfasse. »... sieben Mal wirst Du die Asche sein ...«.

Margret Schele

Konzertgewitter

Nackt unter dem Geprassel
von Klangtropfen stehen

und spüren wie
Töne am Schienbein hochklettern

auf der Kniescheibe im Kreis jagen
und plötzlich abspringen

andere heiß ausströmen
in alle Fasern

Donner in den Poren sitzt
und nach dem lauten Spiel

Glucksen zärtlich meldet,
daß alles gut vorübergegangen ist

Xenia Nomikos

All-Arm des Märchenprinzen

»Nur wenn ich es schaffe, noch einmal in den Urschoß zurückzukehren und von vorn zu beginnen, kann ich mein Urmißtrauen überwinden und meine Kräfte finden«, dachte der Chemiker, Primärtherapeut und Millionär Leo. Er litt schon lebenslang unter Depressionen. Besonders unfähig und wertlos kam er sich vor, weil er impotent wurde, wenn er auf kluge Frauen stieß.

Um sein zu Beginn erwähntes Vorhaben zu verwirklichen, suchte Leo das Vertrauen einer geistig behinderten Frau, deren IQ er selbst nochmals einer Prüfung unterzog. Sie hieß Felicitas und verliebte sich sofort in Leo. Da sie außerdem gutmütig war und sie das angekündigte öffentliche Interesse reizte, war sie damit einverstanden, sich ein von Leo entwickeltes Wachstumshormon, aus einer Zucht Riesen-Elefanten-Babies gewonnen, spritzen zu lassen, täglich, eine Woche lang.

Leo hatte eine Flugzeughalle für sie ausgebaut sowie für ein Lebensmitteldepot und Personal besorgt, denn Felicitas wuchs zu der Größe und Breite eines 6stöckigen Hauses heran. Als erste entdeckte eine Boulevardzeitung die Riesin. Seitdem waren die Journalisten aller Medien nicht mehr aufzuhalten. Vom Fernsehen ließen sie sich z.B. zwischen den Haaren »Felis«, die wie Telegrafenstangen wirkten, filmen. Bevorzugte Orte der Berichterstatung für die Abendschau waren außerdem: die Augenlider, die wie Adlerflügel aussahen, die Ohren, die an Ornamente aus Riesenstuck erinnerten, und die Brüste, die Domkuppeln glichen. Aufnahmen aus tieferen Regionen fielen der Zensur zum Opfer. Allerdings wurde der Beginn der Reise Leos wegen der Wissenschaftlichkeit der Expedition zu später Stunde ausgestrahlt.

Mit dem Gongschlag »23 Uhr« schlüpfte Leo an jenem Sonntag unter dem Surren der Kameras in seinen Raumanzug, in dessen Innentaschen sich folgende Ausrüstung befand: Sauerstoffbehälter, Reiseapotheke, Stromzellen, Taschenlampen, Wasser, Argonautenmenüs (drei Gänge in Plastiktuben), Müllbeutel, Schreibzeug, Kameras, Fernrohre. Der Raumanzug konnte zu einem Wohnzelt ausgeklappt werden. Leo ließ sich von Assistenten einschieben. Das Außenende des Luftschlauches, der in den Raumanzug führte, steckte »Feli« an ihrem Rock fest. Weiter konnten die Medien nicht berichten, da Leo allein alle Aufnahme- und Vorführungsrechte für Felis Innenwelt erworben hatte.

Nach anstrengender Kletterarbeit, unter Zuhilfenahme einer Schleimlöse-Pistole, passierte Leo Felis Gebärmutterhals. Dann stand er im Innern und blickte auf eine dunkle Kraterlandschaft. Die Taschenlampe erhellte nur eine kleine Fläche der hochgewölbten, rot schimmernden Kuppel, die an den Innenraum einer Kathedrale bei Sonnenuntergang erinnerte. Erschöpft ließ sich Leo in die Tiefe gleiten. Wie ein Embryo zog er hier Arme und Beine dicht an den Körper und versuchte, sich eng an die Wand zu schmiegen. Das gelang aber nicht, da sein Glied wie entzücktes Quecksilber pulsierte und in einem paradiesischen Rhythmus onanierte — koitierte ... »Ob das Leben eines jeden Embryos ähnlich aufwühlend und beschwingt anfängt?« Leos wissenschaftlicher Verstand blieb funktionstüchtig.

Inzwischen wuchsen sie weiter: Glück und Glied, Glied und Glück, Glücksgliedlied und Liedgliedsglück, glülila, ah ... Sie nahmen dabei verschiedene Formen und Gefühle an: Palmen, Melodien, Wellen, Flügel. Das Glied sog hierbei so viel Saft und Substanz aus den übrigen Körperteilen, daß diese langsam zu Anhängseln schrumpften. Zuletzt erreichte er — »Penis« die Größe von Leos ehemaliger Gestalt: der Körperrest hing, ähnlich wie vorher das Glied, schlaff am »Penis« herab.

Und dann vernahm er sie, entschlossen und klar, die Botschaft seines Blutes: »Auf in den Kampf«, brauste es in seinen Adern, »jetzt bist du ihm gewachsen, jetzt bist du ja stark, der Stärkste und Größte! So kannst du zurück auf den Kampfplatz, die Welt, und herrschen und siegen.«

Plötzlich — hinter einer Tapetenwand — kam es hervorgerollt, riesengroß, und wie ein runder Spiegel, mit einer sonnengelben Zackenkrone. »Penis« schoß, Leos Fadenleib nachziehend und den Raumanzug mit Schlangenbewegungen sprengend, auf die Ei-Zelle zu. Es war in Leos Leben das zweite und letzte »Ja« — der Drang, sich hinüberzuhauchen in das Heroin eines gelben Universums. Es umschloß ihn wogend, Sonnenfinsternis der Sonnen-Innenseite.

Die Agonie des Erstickens war für Leo kurz und fand im Augenblick der Zeugung seiner Nachkommenschaft statt, ein Überhauch.

Seitdem warten Feli und die Massenmedien auf die Geburt des Kindes, das Laetitio oder Laetitia heißen soll. Namhafte Psychiater diskutieren in Fachzeitschriften, inwieweit der Geist des Vaters im Kind eine Persönlichkeitsspaltung bewirken könnte. Einige Psychoanalytiker haben

begonnen, sich wegen Laetitio(a)s ödipal belasteter Vergangenheit den Kopf zu zerbrechen — erstmal entzog ja dies Kind dem Vater real das Leben (und somit das Glied).
Das behandelnde Gynäkologenteam deutete an, daß Felicitas Zwillinge erwartet und daß das Mädchenembryo, so zeigte die Echountersuchung, das Jungenembryo pausenlos streichelt. In den kurzen Ermüdungsphasen des weiblichen Keimlings liebkost der werdende Bruder die künftige Schwester. Auch das unablässig! Die beiden scheinen sich dabei unkompliziert zu vertragen und ständig zu freuen. Ihre Nabelschnüre haben sie zu Buchstaben gefaltet: »Make love, not war!«
So fürchtet sich jetzt die zivilisierte Welt vor der Geburt von Kinder-Ungeheuern. Man ist allgemein froh, daß Felis Flughalle in einem Gebiet steht, in dem häufig Manöver und Friedens-Demonstrationen stattfinden, so daß Armee und Polizei im Bedarfsfall sofort einschreiten können.

Birgit Rabisch

Der Traummann

Birgit Rabisch veröffentlichte 1980 im Literaturpostverlag, Hamburg
Jammerlürik

Er sitzt vor dem Fernseher, sie flickt Kinderklamotten. Sie betrachtet ihren Mann; sie hat einen guten Mann abbekommen. Sie sind schon fünf Jahre verheiratet, und er bringt ihr immer noch manchmal Blumen mit. Er trinkt nicht, raucht mäßig, schlägt weder sie noch die beiden Kinder; er schläft zweimal in der Woche mit ihr und am Sonnabend machen sie gemeinsam mit dem Auto einen Großeinkauf. Am Sonntag geht er nicht zum Fußball, sondern mit der Familie spazieren. Im Urlaub nimmt er ihr einen Teil der Hausarbeit ab. Er macht keine größeren Anschaffungen, ohne sich mit ihr zu beraten. Er hat keine Geschichten mit anderen Frauen, er lobt ihr Essen und geht jeden Abend mit dem Hund raus. Sie betrachtet ihren guten Mann und haßt ihn von Herzen. Zum ersten Mal hat sie ihn gehaßt, als er ihr erklärte, daß er selbstverständlich nicht mit ihr schlafen würde, wenn sie ihre Tage hätte. Das zweite Mal hat sie ihn gehaßt, als er bei der Geburt ihrer Kinder nicht dabei sein wollte: »Das ist Frauensache.«
Das dritte Mal hat sie ihn gehaßt, als er nach der Geburt der zweiten Tochter zu ihr sagte: »Wieder ein Mädchen? Na, macht doch nichts.«
Inzwischen kommen die Haßgefühle fast jeden Abend über sie, wenn sie ihn vor dem Fernseher sitzen sieht. Sie fühlt, daß sie kein Recht hat ihn zu hassen. Alle sagen ihr immer, was für einen guten Mann sie doch hat. Aber sie haßt ihn.
Sie ist froh, daß heute Donnerstag ist. Heute wird er nicht mit ihr schlafen.
Während sie Hosen stopft, Knöpfe annäht, Reißverschlüsse erneuert, fängt sie wieder an, von IHM zu träumen. ER ist ihr viel vertrauter als der Mann im Sessel vor ihr. ER braucht sie nur anzulächeln, und ihr Herz ist offen.
Sie hat schon oft mit IHM geschlafen. Jungfräulich, zärtlich wild, blutend, hochschwanger, spontan oder liebevoll geplant. Sie kennt seinen Geruch, seine Stimme, den Rhythmus seines Herzschlages.
Wenn sie das Gemüse putzt, erzählt sie ihm von dem Zusammenhang zwischen dem Mondzyklus und ihrem eigenen. Wenn sie die Wäsche aufhängt, spürt sie seine Hände an ihren Venuslippen, ihrer Perle. Wenn sie die Blumen gießt, explodiert er in ihr.
Heute träumt sie sich seinen Mund an ihren milchvollen Busen, den sie vor ihrem Mann immer hinter einem Stillbüstenhalter verbergen muß. Sie freut sich mit IHM, als es IHM gelingt, ein paar Tropfen heraus-

zusaugen. Sie denkt daran, wie ihr Mann sich stundenlang die Zähne geputzt hat, als er aus Versehen von ihrer abgepumpten Milch aus dem Kühlschrank getrunken hat. Als hätte er sich vergiftet.
»Woran denkst du?« fragt ihr Mann plötzlich. »Du lächelst so verklärt.«
»An dich«, sagt sie schnell.
»Dann ist ja gut«, sagt er.
»Ja, es ist gut«, sagt sie.

Lutze

1974

1975

Das Telefon schweigt

In der Nacht als er mich verprügelte

1974

Oh Ihr dicken vollbusigen — vollhüftigen
wollüstigen heiteren Frauen

Ihr seid meine Mütter
und weiße Flotte
Ihr seid der Mond auf dem ich wohnen möchte

ich könnte mit Euch die Welt entdecken
ich könnte bei Euch Mut schöpfen
und RUHIG schlafen

ich möchte Eure Weisheit haben
ich möchte mit Euch frei sein
und bei Euch friedlich leben

Oh Ihr TREUEN Schwestern
ich liebe Euch . . .

1975

ich fliege mit den Armen
die meine Flügel sind   ohne Licht

im Glitzern des Broadways   bin ich so jung
und habe die tausendjährigen Falten der Säufer
und lege das verjährte Fett meiner Hüften
auf das Fahrrad   das mein Mercedes ist
ALAS

wo sind all die Menschen   die sich lieben
ich möchte heute abend mit Euch tanzen

Das Telefon schweigt

Penisstark-süchtig kam er mir immer vor
liebt alle Frauen
ich nur ihn
halb verrückt
groß schlank dunkel goldfarbige Augen undurchsichtig
warten warten
auf etwas das sich nicht ereignet
das Telefon läutet nicht
es knallt an die Wand
seine Umarmung
mir wird schlecht   blutleer
rote Augen
seine Umarmung
ich muß kotzen
kann nicht essen
rauche   trinke
das Telefon ist ein schwarzes Ungeheuer
verweinte Augen
ergebene Liebessucht
umzangt
seine Umarmung
ich lüste
verdammt-berauschender Beischlaf
das Telefon ist grausam
ich fühle seine Muskeln seine Haut seine haarlose Brust
das verlogene Liebesgemurmel
das Telefon wird das wichtigste
warten auf etwas daß sich nicht ereignet
Erinnerungen verschwommen-zusammengeklebt
Vergebung
Vergebung
weiche Knie   schwachwerden
die Liebe ist eine Last
das Telefon schweigt

In der Nacht als er mich verprügelte

Er schlug mir die Liebe aus dem Bauch
das war rasender als ein Orgasmus unterm Küchentisch
mein Herz hat sich verblutet und meine Nase ist blau und geschwollen
meine Gelenke sind schwarz
und meine Hüfte hat nur noch den trägen Schwung der Siechenden
Ich erhöhe meine Erniedrigung
Er hat mich getreten . . . oh Gott . . . und ich hab es genossen
oh Gott . . .
ich bin gefallen, mein Gott, hab ich ihn geliebt in dieser Nacht
WARUM

als ich endlich aufwachte, wußte ich, daß es vorbei war
ich bin auferstanden mit der aufgedunsenen Visage
jung — alt — häßlich — neugeboren

Beatrix

Schwarzes Café

Verflixt, es kommt wieder nicht, versteckt sich stattdessen unter den Brustspitzen, pocht weiter in den Zwischenbeinlippen.
Die Katze schoß aus dem Bett, polternd in die Sofaecke.
Die Bewegung unter der Bettdecke hatte sie angelockt, ein Mäuschen, sie stürzte sich auf es, sprang weg, drehte sich, um ihren Schwanz zu fangen, biß ihr in den Zeh, mischte sich zwischen die Bewegung unter der Decke. Sollte sie die Katze ansetzen, die kleine, rauhe Zunge? Nein, das wäre, pfui Deubel, Sodomie, obwohl das der Katze wahrscheinlich nichts ausmachen würde, kratzen würde sie sie, jung wie sie war und ihre Krallen nicht beherrschte.
Es kam nicht, dafür kamen Geschichten mit Lea:

Sie saßen im Schwarzen Café.
Der Tisch zwischen ihnen war zu breit, ihre Arme, Hände und Finger darunter nicht lang genug.
Kurzerhand bestellten sie deshalb ein Tischtuch, bitte lang genug, um den Tisch zu bedecken und an allen Seiten bis zum Boden zu reichen ... und machten es unter dem Tischtuch.
Als sie fertig waren, holte der Kellner das Tischtuch wieder ab, dem ein exquisiter Geruch anhaftete, faltete es umständlich und sorgfältig zusammen, verbeugte sich und ging. Unter dem Tisch blieben ein Schlüpfer und ein Ringelsöckchen liegen.
Sie brachten ihre Krawatten und seidenen Halstücher in Ordnung, legten neuen Flitter auf die Wangen, legten frisches Rot oder Blau auf die Lippen, die etwas verschmiert ausgesehen hatten, als sie aus der Versenkung aufgetaucht waren, erneuerten ruhig und sorgfältig das Schwarz unter ihren Augen.
Nachdem sie auch ihre Zylinder wieder aufgesetzt, ein weiteres Getränk mit Eis bestellt und sich je eine Zigarette in die Zigarettenspitzen gesteckt hatten —
lehnten sie sich zurück —
und betrachteten, was sie in den Gesichtern, nicht nur den Gesichtern, der übrigen Gäste angerichtet hatten.
Noch immer lag Schweigen im Raum, der voll besetzt war.
Aller Augen waren starr auf sie gerichtet, die Gesichter gerötet, Münder offen, einige Unterkörper leuchteten grünlich, wie die Hintern heiratslustiger Glühwürmchen.

Martina Edith Jarzembski-Weller

Das Biest

Seit einigen Tagen war mir klar: jetzt ist es bald wieder soweit. Es begann, wie schon seit Jahren immer wieder, mit einem leichten Jucken unter der Haut, welches allmählich in ein nervendes Prickeln überging und sich dann schließlich zu einem unerträglichen Ziehen und Zerren an allen Eingeweiden steigerte. Mit der sonstigen Ruhe und Gelassenheit, für die ich bei meiner Umgebung bekannt und beliebt war, ging es dann natürlich rapide zu Ende. Sich in irgendeiner wohligen Kuschelecke einzulullen, zu dösen, gar am hellichten Tage mit offenen Augen zu träumen, wie ich dies sonst so gerne tat, war mir in diesem Zustand absolut unmöglich. Ich lief dann rastlos durch das Haus, immer auf der Suche nach jemandem, dem ich mein Leid klagen konnte, obwohl ich wußte, daß mich in diesem Haus eigentlich niemand so recht verstand, ich also schon selbst mit meinem Problem fertig zu werden hatte. Dennoch ließ ich mir das Gemeckere und Gemosere an allem und jedem nicht nehmen, bestand ja doch die Möglichkeit, daß schließlich doch noch jemand dahinterkäme, warum ich mich so verhielt und mir, auf welchem Wege auch immer, zu Hilfe eilte.
Und jetzt ist es also wieder mal so weit. Seit zwei Tagen schon nerve ich alle Bewohner des Hauses mit meiner Unzufriedenheit, unausstehlich bin ich, ganz entgegen meiner sonstigen Natur. Diesmal schaffe ich es gar, den Hausherrn, der mich seinen Besuchern sonst immer als eine ihm äußerst angenehme Mitbewohnerin des Hauses vorstellt, dazu zu bringen, mir mit dem Hinauswurf zu drohen. Das ist er also, der Welten Lohn: Kaum, daß ich mal nicht zärtlich und anschmiegsam zu ihm bin, verweist er mich auf den Status zurück, den ich tatsächlich innehabe: geduldete und jederzeit abschiebbare Untermieterin. Doch er läßt sich ja noch ertragen, schließlich habe ich ein dickes Fell. Viel schlimmer ist seine Frau, die mich noch nie so recht ausstehen konnte, hat doch ihr Mann in der Regel ein nicht gerade nur sachliches Verhältnis zu mir: er mag mich und sagt ihr dies auch offen. Nachdem ich sie in meinem derzeitigen Zustand mehrmals angemacht habe, droht sie mir in der Küche, mit einem Nudelholz in der Hand, mich bei nächstbester Gelegenheit zu erschlagen. Mein Glück, daß eben in diesem Moment ihre Tochter nach Hause kommt. Mit einem Angstschrei rase ich aus der soeben geöffneten Tür.
Draußen atme ich erst einmal tief durch, bin froh, diesem Irrenhaus entkommen zu sein und stelle dann genüßlich fest, daß die Möglichkeit,

hier draußen jemanden zu finden, der mein Problem erkennt und ihm abzuhelfen in der Lage ist, sowieso wesentlich größer ist. So laufe ich ohne jegliches Zeitgefühl durch die laue Mainacht, die der zu einer schmalen Sichel verkommene Mond nur schwach erleuchtet, im Schatten der Häuserzeilen Straßen entlang, die ich nicht kenne. Hin und wieder schreie ich meinen Seelenschmerz aus mir heraus und entdecke, es erleichtert mich.

Nach einer ganzen Weile erreiche ich ein offenbar seit Jahrzehnten verlassenes, mir unbekanntes Bahnhofsgelände, welches im Laufe der Zeit zu einer wilden Mülldeponie verkommen ist. Die halbverfallenen Gemäuer des ehemaligen Bahnhofs, die überwucherten Gleisanlagen, die Schrottautos und ausgedienten Möbelstücke bieten in der dunklen Nacht ein gespenstisches Bild. Doch meine Neugier ist stärker, als die verdeckte Angst, unbekanntes Gebiet zu betreten. Irgendetwas zieht und drängt mich, in dieses Dunkel einzudringen.

Dann plötzlich stehen sie vor, hinter und neben mir, haben mich eingekreist: drei, nein, vier junge Burschen, die erregt, aggressiv und mit lüsternem Ausdruck in den Augen um mich herumstreichen, sich mir nähern, mich herumschubsen und begrabschen wollen. Als schließlich einer der vier versucht, an mein Geschlecht zu gelangen, beginne ich zu beißen, zu kratzen und zu schreien, schreie aber — ich bemerke es — nicht, als ginge es um mein Leben, sondern eher so, als wollte ich den Vieren bedeuten, es gefälligst etwas zärtlicher, sanfter angehen zu lassen. Doch sie begreifen es nicht, sind viel zu erregt, werden gar aggressiv zueinander, da jeder als erster über mich herfallen will. Während sie das noch zu klären versuchen, durch Beschimpfungen und gegenseitige Drohungen, bemerken sie zu spät, daß ein fünfter Mann unser Zusammensein bereichert. Von einem Mauervorsprung aus springt er plötzlich mit einem gewaltigen Satz über ein auf dem Platz abgestelltes altes Sofa, mitten zwischen die sich um mich balgenden anderen vier Männer. Dem ihm nächsten der jungen Burschen versetzt er einen fürchterlichen Schlag ins Gesicht, und der völlig verängstigte Kerl sucht mit bluttriefender Nase das Weite. Den anderen Dreien kann der Dazugekommene nur noch nachrufen, sich nur nicht wieder sehen zu lassen — auch sie sind längst auf und davon.

Erst jetzt komme ich dazu, meinen Retter — das heißt, es wird sich erst noch erweisen müssen, ob er diesen Titel verdient — näher zu betrach-

ten: Er ist ein stämmiger Bursche mit dunklem Haar, schon leicht angegrautem Barthaar; der Jüngste scheint er nicht mehr zu sein, doch sein muskulöser, durchtrainierter Körper läßt mir diesen Eindruck auch gleich schon wieder unwichtig erscheinen.
Er ist ein Kavalier der alten Schule. Nachdem er mich beruhigt hat, beginnt er mit allen Raffinessen, die ein Mann seines Alters beherrscht, mich zu umwerben, mir Gefühle zu entlocken und schließlich, mich aufzugeilen, wie es noch nie ein Mann vor ihm getan hatte. Und es gelingt ihm. Es folgt eine Nacht, wie ich sie selbst in meinen kühnsten Träumen nie erahnt hatte, ein schier endloses Aufbäumen der Körper, abgelöst von seligmachender Entspannung ... Und doch geht die Nacht zu Ende.
Im Morgengrauen stehe ich vor unserer Haustüre und mache mich bemerkbar, damit mich jemand hereinläßt. Nach einer Weile öffnet mir der Hausherr, den ich offensichtlich geweckt habe. Er sieht mich mürrisch an, sagt aber kein Wort, läßt mich herein und schließt die Tür hinter mir. Ausgehungert wie ich bin, gehe ich erst einmal in die Küche. Er sieht mir kopfschüttelnd nach und verschwindet dann im neben der Küche gelegenen Schlafzimmer. Durch die halbgeöffnete Schlafzimmertür höre ich seine Frau fragen:
»Was war denn los, warum bist du aufgestanden?«
Er antwortet ihr: »Sie ist nach Hause gekommen. Die hättest du mal sehen sollen, völlig zerzaust, dreckig, fix und fertig. Ich möchte nicht wissen, wie die die Nacht verbracht hat.«
Seine Frau: »Das kann ich mir gut vorstellen — und wir dürfen demnächst wieder mal zusehen, wo wir ihre Jungen unterbringen — dieses Biest!«

Christel Bachmann

Modepuppenschau Impressionen

Wenn du Liebesblumen
brichst
sei vorsichtig
bevor du sie in wohlgeformte
Tüllblusen steckst.
Denn Rot ist die Farbe des Blutes
und in Eisberge gesteckt
wird sogar Feuerrot kalt.

All dieser Tüll
um ihren Busen
rutschte und fiel
auf ihre Hüften.
Atemlos lag mein Blick
auf ihren spitzen Brüsten
hastig knöpfte sie
die Bluse auf und
zeigte langsam ihren
feuerfesten Panzer.

Die Seide werde ich
dir vom Leib reißen und die
tausend Knöpfe bis hoch
zu deinem Mund
schneide ich einfach ab bis
du redest und dein schönes Lächeln
will ich freilegen.

Den Lippenstift in deinen Mund
winkeln werde ich
mit meiner Zunge nach
ziehen, bis du mich küßt
ohne Scham den Reißverschluß in
deinem Rock ziehe ich auf

und meine Hand wird
sich eiskalt
deinem Anus nähern
und du wirst staunen, sie ist
wärmer als dein Lächeln.

Langsam wirst du die
Netzhäute verlassen und
selbst die Rockschöße öffnen
und meine Lippen werden von
deiner Nässe kosten bis
du mich hemmungslos auf
dich ziehst.

Klara Segerer

Der Froschkönig

Princess Lucy spielte im Park Tennis. Alleine, denn Lord Pacnac hatte absagen müssen, er war vom Pferd gefallen und hatte sich den Fuß verstaucht. Sie war sauer deswegen. Sie konnte ihm ja eigentlich nicht böse sein, er hatte ja keine Schuld, aber sie war mißmutig, weil es sie langweilte, alleine Tennis zu spielen. Zu allem Übel (und vor allem deswegen, weil sie sich mehr auf ihren Ärger als auf den Ball konzentrierte) fiel ihr dieser in den Seerosenteich neben der Tennisanlage. Sie fluchte (auf französisch, das klang in ihren Ohren feiner). Diesmal ärgerte sie sich über ihren Vater, der unbedingt alles in so einem kleinen Schloßpark unterbringen mußte. Sie war des Spiels überdrüssig und stand lustlos am Teichrand und überlegte. Plötzlich kam ihr der Gedanke, ein Bad wäre nicht schlecht, sie streifte ihr Tennisdress von ihrem schlanken gebräunten Körper und hechtete ins kühle Wasser. Sie versuchte, den Ball herauszutauchen. Es gelang ihr nicht, wahrscheinlich lag er im Schlamm.

Erfrischt stieg sie aus dem Teich. Ihre schlechte Stimmung war verflogen. Sie setzte sich ins Gras und ließ sich von der Sonne trocknen. Sie begann ein wenig zu träumen.

Ein Geräusch ließ sie aufblicken. »Was ist das denn«, rief sie laut und fing zu kichern an, »ein Frosch mit meinem Tennisball.«

Der Frosch ließ den Ball ins Gras rollen. Er bewegte sein Maul, es klang so ähnlich wie »Ich will mit«. »Okay«, sagte Prinzessin Lucy, »du darfst mit.« Sie nahm ihn auf die Hand, packte mit der anderen Hand ihre Sachen und ging ins Haus, ach, ins Schloß. Es war noch Zeit bis zum Abendbrot. Sie ging in ihr Zimmer, setzte den Frosch in ein Terrarium. Als sie zum Essen gehen wollte, hörte sie ihn wieder rufen »Ich will mit«. Sie nahm ihn und setzte ihn sich auf die Schulter, es fühlte sich angenehm kühl an. Ihr gefiel das. Sie hatte sich früher nach einem Hund gesehnt, als treuen Begleiter, jetzt war es eben ein Frosch.

Beim Essen bemerkte ihn niemand. Er hatte dieselbe Farbe angenommen wie ihr T-Shirt, und blieb auch ganz ruhig sitzen die Zeit über.

Lucy überlegte, ob es nicht später ein Problem geben könnte mit dem Frosch, der überall mit wollte. Sie mußte heute noch für die Schule lernen, später würde sie noch einen Fernsehfilm ansehen, das gäbe kein Problem. Aber morgen, wenn sie in die Schule mußte, oder am Wochenende, wenn sie tanzen gehen durfte ...

Als sie an diesem Abend einschlief — sie hatte den Frosch wieder ins

Terrarium gesetzt und ihm Salatblätter hineingetan, morgen müßte sie ihm anderes Futter besorgen — träumte sie einen merkwürdigen Traum: Sie träumte, der Frosch käme, mit einem goldenen Krönlein angetan, aus dem Terrarium zu ihr ans Bett gehüpft. Wieder hörte sie ihn rufen »Ich will mit«. Ins Bett wollte sie ihn aber doch nicht mitnehmen, sie warf ihn vom Bett aus sanft ins Terrarium zurück. Nach einiger Zeit kam der Frosch wieder an: »Ich will mit«. Sie verlor die Geduld und warf ihn weniger sanft, eigentlich schleuderte sie ihn, in Richtung Terrarium, verfehlte es aber knapp, der Frosch klatschte an die Wand, und ... ein Prinz stand da, die goldene Krone zurechtrückend, sie war etwas verrutscht. »Ich will mit«, sagte der Prinz. »Na ja, dann komm«, sagte Lucy, und ließ ihn unter die Bettdecke. Es war ein angenehmer Traum, der Prinz war nicht schlecht, es war eine zärtliche und zugleich leidenschaftliche Umarmung. Vom Orgasmus wachte Lucy auf. Sie war etwas verwirrt. Natürlich lag niemand neben ihr. Sie tastete an ihrem Körper hinab, der noch heiß war vor Erregung. Zwischen ihren Beinen fühlte sie etwas, etwas Fremdes, sie schrie auf, zog ihren Körper weg. Erschreckt schlug sie die Bettdecke zurück, knipste das Licht an: der Frosch! Er blinzelte sie im Licht an. Sie guckte ihn an. Erleichtert mußte sie auflachen. Sie nahm den Frosch auf die Hand und wollte ihn ins Terrarium zurücksetzen — plötzlich hielt sie inne, ihr kam eine Idee: Der Traum ... der Frosch ... könnte nicht ... ? Sie holte aus, zielte zwischen Plattenspieler und Beatles-Poster — patsch — der Frosch ... fiel tot auf den Boden.

Carla Egerer

»inclusive exclusive«
oder
Schwarzer Schatten

Carla Egerer veröffentlichte 1981
Gerüst und Fleisch
Zu bestellen bei Careg, 8381 Münchsdorf 50

Ihre neue Prosa-Story *Mädchen in München (und ihre Hoffnungen)*
wird im Juli fertig. Der Verlag steht noch nicht fest.

vorspann

die verwaltung der bibelzentrale war mit nackten brüsten gepflastert, behutsam krochen die bittsteller an den brustwarzen entlang, die rosig und rostrot emporstanden über dem weißen fleisch. die verteilerin hatte violettes lippenrot angelegt und saß auf einem aus fichtenholz und marmor gedrechselten thron. ihr grüngoldenes brokatkleid endete überm knie und sie trug rote dicke wollstrümpfe. mit ihrem goldstab begann sie auf die hirne der bittsteller zu tippen und bohrte tief in das gehirn hinein bis sich kugeln herausbewegten, brillianten oder bei besonders fruchtbaren gehirnen quoll dickes pinkfarbenes blut auf den gelben steinboden. hinter dem thron war ein dreieckiges fenster bis hinauf zur decke das glas reflektierte tiefste nacht ein zarter blauschleier stand im zimmer über der frau am thron. sie holte sich ein paar kometenstreifen aus ihrer handtasche die sie am rechten schenkel befestigt hatte, und begann darin zu lesen. »bohre bis dir tiefrotes feines blut entgegensprüht.« war in einer welligen linie ihr zum auge gepunktet.

szenen und anleitungen für einige vergewaltigungen meist fick tiver art.
wir befinden uns in einem dieser von einigen genossinnen angestrebten großräume hochdeckig eines älteren bürgerhauses einer dieser großen zu vielem einladenden citys einer aussterbenden masse. sie durchschreiten das entree. ein dunst von einem gestern in gedanken mit rotem plüsch und einer nackten herrin in einem fleischfarbenen silkgewebe um die prallen brüste — ach ja gestern liegt gar nicht so fern.
er ist selbstverständlich an ihrer seite, sie trägt einen zerfetzt zackig geschnittenen schwarzen rock der in der mitte ihrer weißen schenkel aufhört. sie blickt auf seine weiße und blasse Brust die nicht nachgeben will. als er ihr handgelenk langsam andrückte und immer fester drehte bleibt sie stehn. er geht durch die weiter werdende halle und zieht sie mit sich.
der himmel hatte kaum noch ein warenangebot, die goldglänzende trompete erscholl. ein brauner haarteppich war der schmuck der trompeterin die aus der kammer die neben der halle lag trat. inbrünstig hielt sie das instrument. sie blickte auf die schuhe des mannes und von dort vorbei schwenkte ihr blick auf das mädchen das am boden schleifte. sarah die schwarzzackige rock frau weigerte sich in den bauch der wohnung mit zugehn. nein ich will nicht sagte sie, nein ich will nicht. laß den unsinn komm mit mir und laß es uns schön machen dort hinten auf dem violetten sofa.
in diesem moment durchzuckte sarah das bild der vergewaltigung, sie schlug ihn ins Gesicht mit ihrem handrücken zwei mal. die trompete begann kratzig und warm zu zittern in keiner melodie.
aber es sollte anders kommen. übrigens hatte er schwarze hosen an und trug keinen namen. seine schuhe waren glänzend poliert und schwarzes leder. sein gesicht schmal und die haut hing unnatürlich weit weg und doch so greifbar und schön zum sehen. er hatte angst sie zu verlieren in dieser großen bleibe in diesem großen haus sie befanden sich im vierten stockwerk die temperatur hier war schon wieder am sinken. ein schwarzer satinvorhang senkte sich vor ihm und er war abgeschnitten vom licht das durch das balkonzimmer am gangende kam.
in diesem moment sagte er, ach bitte sei so gut und hol mir vom balkon meinen fotoapparat ich wollte dich bevor ich wegfahre fotografieren. sie durchzuckt wieder dieser blitz und sie tritt ihm mit dem schuh ins

gesicht. sie denkt an sein geschlechtsteil was sie nicht verletzen möchte. es raschelt als sie den schwarzen vorhang beiseite schiebt und ihre weißen beine treten in seinen leib diesmal als bild vor seinen augen es raschelt er spürt seinen schwanz an das tuch seiner schwarzen hose stoßen. seine hände sind langgliedrig und greifen an ihre linken wadeschenkel. sie faßt an seine hand schleifend nach hinten und berührt seine dicke beinfrucht.

die fliesen des balkons waren aus einem rissigen gelb er lag mit ausgebreiteten beinen nackt am boden sein braunrosiges fleisch um seinen leicht steifen schwanz war in welligen falten und die seidig rosa glänzende eichel sah mit dem nassen tropfen ihres auges zu ihr. sein gesicht war mit einem tuch aus schwarzem cotton bedeckt als sie den balkon betrat. sie war barfuß und ihre sohle berührte den kalten steinfußboden. auch seine schultern waren von dem schwarzen tuch überdeckt. seine weißen lenden lagen weich und offen.

sie wollte ihn gern lieben, sarah bekam angst als sie die weite des meeres so sanft und wellig in sich einsog. der fotoapparat hing an einem lederriemen der um einen stab gewunden war rechts oben von der decke. die linse glänzte wie ein schwarzes unergründliches auge auf die beiden.

von der diele sein ruf — sarah beeil dich.

sie nahm seinen weißen schenkel in ihre hände. hielt ihn umfangen sie legte ihr bein an seinen fleischbeutel. er vibrierte in der begierde und wollte sie berühren. sie küßte mit ihren lippen das schwarze tuch dort wo sein gesicht sich vorwölbte. er konnte seine hände nicht bewegen die arme lagen weich neben ihm.

sau schwein porco flüsterte sie in seine achsel. sie stand auf und setzte ihren fuß auf seine brust mit dem andern bein ging sie zu boden angewinkelt hing ihr körper mit seiner haarigen kante über seinen gewölbten fleischteilen und er legte sich in sie einwärts. sein stengel suchte die weichen wellen ihrer fleischlippen ihre hände überlegten voll begierde ob sie ihm das tuch herunterreißen sollte.

ihre geöffneten leiber vibrierten kalt und ein magnetisches tau sog ihr fleisch ineinander. sie streichelte ihre brust. die balkontür quietschte als der goldene griff umgedreht wurde und die glasscheiben schepperten im leichten ruck metallen auf. die wohnungsinhaberin eine alte frau war zurückgekommen. sie rüttelte nochmal am griff und begann laut

und schrill »leiche sein ist so bequem denn leichen leben angenehm. la fille du roi c'est moi — arrête mon roi je ne peux pas.«
von einem nahen turm schlug die uhr 18 uhr es war das zeichen zum gebet für die alte. sie rannte durch die lange diele und suchte das telefon. da zog sie einen schlüssel aus einer schublade die sie zuvor mit einem winzigen drehen am zahlschloß geöffnet hatte. der schwere lange schlüßel bohrte sich in das schlüßelloch und sie drehte mehrmals um die tür zu ihrem zimmer aufzubekommen, schwupp jetzt hatte sies. die tür öffnete sich und ein schwall von schwarz beschriebenen weißen din a 4 bögen flatterten bis auf die diele hinaus. das telefon ah ja es stand auf einer japanischen bamboo dekoration. sie schloß die tür und drehte den schlüßel von innen noch zwei oder dreimal um. der lärm war enorm und angsteinflößend.
baia die trompeterin wachte auf, sie war zuvor eingeschlafen nachdem sarah eine weile am balkon war. sei trug geschnürte lederstiefeletten und zündete sich eine zigarette an. ihr tweedmantel lag am boden.

das taxi hielt vor einem weißschimmernden haus. es war nacht die straße im vorbezirk der city verlaßen und ohne reklame schriften sie war ernüchtert als sie ausstieg. der taxifahrer hatte das haus fast eine viertelstunde suchen müßen es war nicht auf der karte eingezeichnet!
die glastür öffnete sich und eine frau im engen roten flausch trikot winkte ihr zu. es war eine negerin. das haar war flach am kopf anliegend und glänzte im licht der zerbrochenen treppenalabaster beleuchtung. am mosaikboden lag ein magerer nackter männerkörper, sie konnte sein gesicht nicht erkennen, beugte sich hinab und nahm sein schwarzes haar in die hand, wendete seinen hinterkopf. es blitzte sie ins auge als er sie anblickte. und er versank wieder in ein welliges koma.
die negerin begann von ihrer neuen lederliege in einer schrillen und aufgeregten stimmlage zu berichten. sie handelte mit leder. sarah war müde und wollte schlafen. sie begann den männerkörper an der hüfte mit den händen zu umfaßen. er war zu schwer und es war auch schon winter geworden im treppenhaus war es zugig seit sie ihn das letzte mal angehoben hatte. sie mußte ihn liegen laßen und folgte angeekelt dem powackelnden roten trikot. als sie sich umblickte sah sie seine weichundfleischig fallenden geschlechtsteile die in der mitte seiner lenden lagen
als sie die wohnung betraten rannte coal in die küche um nach dem braten zu sehen. sarah begann zu würgen und tränen rannten ihr innen hinab sie sehnte sich ihn zu umfaßen doch sie wußte genau das sie ihn nicht vor der kälte beschützen wollte. wie schrecklich er ließ sich nicht mehr aufheben. — sie liebte ihn —
auf der gegenüberliegenden straßenseite standen angelehnt an einige erleuchtete fenster männer aufrecht und hielten gläser mit drinks in den händen — sie schaute weg. die gesichter der männer waren zu schwämmen verschwommen.
coal begann von ihrer mutter in amerika zu erzählen, die sie jetzt dringend brauchte sagte sie — sarah dachte oh gott.

Gudrun Schütz-Güth

Liebesangst

Gudrun Schütz-Güth veröffentlichte 1979
Typen des britischen Arbeiterromans
im Hoffmann-Verlag, Großen-Linden

Wie die Lust mir ihren gierigen Biß auf die Brustspitzen setzt. Und doch grabe ich, während Du mich zärtlich liebst, die Furchen der Furcht tiefer in Deinen Körper. Denn gestern, bei Mondsichellicht, habe ich im Morgengrauen allzu hastig Dein Sperma verschluckt, die Speiseröhre hinuntergleiten, durchsickern lassen bis in Gebärmutterhäute, statt dem säuerlichen Geschmack mit Lippen und Zähnen nachzugehen, umzuwälzen im Mund, während Deine Zunge sich in dunkle Gänge vortastete, feuchte Wände berührte, Räume in Licht tauchte. Als sich deine Hände nochmals tanzend bewegten, nochmals Kerzen anzündeten und Teppiche ausbreiteten, schüttelten sich Bäume im Wind. Vermummte Gestalten huschten umher, schauten durch die Scheiben zu uns herein, umkreisten uns mit ihren Autos und rissen plötzlich die Türen auf. Ich vergaß, mich zuzudecken, die Beine zu schließen. Maschinengewehrsalven zerfetzten. Versenkten alles in Blut, während über den Häuserdächern heimlich der Morgen aufging.
Aber unter einem ereichbaren Frühlingshimmel visioniere ich, imaginiere ich schon lange vor den Orgasmen. Mit prallgelben Blütenköpfen neigen sich Baumwipfel in mein Gesicht. In die Lüfte heben sich Efeuranken und rote Kugeln, fliegen über goldene Moscheen hinweg, am Wacholder vorbei, durch Spinnwebennetze hindurch, schneller und schneller auf jene Bank unter dem Sturmbaum zu. Dort strecke ich mich aus.
Jetzt liege ich endlich im Sternenhimmel einer grenzenlosen, durchsichtigen Nacht. So viele glänzende Sterne, so viel schwarze Klarheit, ein so gewaltiges Funkeln — und kein einziger dreister Mond. Jetzt sinke ich endlich auf meinen Blumenteppich herunter. Seerosen so dicht verwebt, alles so bunt, so weich, so zart, daß ich die Luft wie ein Schattenspiel spüre.
Nur noch die kleine Gasse hinab, dann stehe ich endlich auf riesigen Heidekrautflächen, sitze auf sandigem Boden über flimmernden Seen, löffele Honig aus steinernen Töpfen. Später flechte ich für Dich Tannenkränze.
Über weiße Türme klettern nasse Säulen. Dicke Engel fallen klatschend von Dielen und Decken. Die Meereshaut — ohne Wellenschaum. Eine grünliche Ente aus Stein schwimmt von Ufer zu Ufer. Blaue Blütenkelche öffnen sich weit.
Doch dann brechen Bilderdolche qualvoll hervor. In der Ferne steht die

Schafherde ganz still, wie von einer inneren Unruhe erfaßt. Da ertrinkt schon der Hund, da rennen die Schafe schon los, da bellen die Wölfe und sträuben ihr Fell. Der Bagger fährt seine Schaufeln aus. Wiesen werden zu borstigen Feldern. Silbertürme zu Vogelschnäbeln. Direkt neben uns wirft ein grinsender Zwerg seine Kapuze ab. Hält sein Messer ins Kerzenlicht.
Ich liebe Dich, während neben uns ein Mord geschieht. Geschieht ein Mord, nehme ich Dich mit in die Brunnenschwebe.

Jill Vaudeville

Premiere

Mittelpunkt meiner Welt bin ich und groß genug, mir einen Nächsten zu wählen. Ich liege im Bett. Mein Körper ist luxuriös wie nie zuvor. Taumelnd vor Gier zittern meine Augenlider, meine Ohren zeichnen nur noch Rauschen auf, ganz leer ist mein Kopf.
Unter meiner Kopfhaut kleine Explosionen, kitzlig, schwindlig, ganz warm. Ich kann kaum atmen. Goldstaub bin ich, Purpur, Seide, Lava. Meine Haut macht mich noch verrückt.
Das ist Wonne. So ein schönes Wort: ein großer Beutel, feucht und bis oben gefüllt mit Leckereien, Wärme und Schlamm. Diese Wonne ist großzügig und voller Begabung.
Ich will ihn haben, seit Wochen will ich ihn haben, oh Mann, wie ich ihn will. Ich halte es nicht mehr aus und werde doch kein Wort sprechen.
Ganz leicht breite ich die Beine. Zutritt erlaubt. Nein, erwünscht.
Von Ferne Badezimmergeräusche. Wenn jetzt das Wasser sehr lange läuft, heißt es, daß er sich duscht. Heißt es, daß er sich schön macht. Heißt es, daß es Wonne sein wird.
Wenn das Wasser lauft, immer weiter lauft, bedeutet es, daß auch er mich will. Vielleicht seift er gerade seine Haut ein. Diese träge glänzende Goldhaut. Weißer Seifenschaum auf einem hellbraunen mageren Körper. Hinrennen möchte ich am liebsten, schwesterlich das Handtuch reichen und schräge, schräge Blicke werfen.
Das Wasser läuft immer noch. Das ist das Zeichen. Das Gottesurteil. Das gute Omen. Jetzt Stille, jetzt trocknet er die Goldhaut. Gut, daß das Wasser so lang lief. Gut, daß wir allein in der Wohnung sind. Sehr gut, daß er die gute Angewohnheit hat, mir jede Nacht eine gute Nacht zu wünschen.
Leise kommt er in mein abgedunkeltes Zimmer: schläfst du schon? Ich maunze zurück, blinzel ein wenig und stelle mich unschuldig. Jetzt kniet er am Bettrand: gute Nacht, wollte ich dir noch sagen. Ich stelle das Atmen ein. Wir sind höchstens noch eine Handbreit voneinander entfernt, eine dünne Decke markiert die Grenzen zwischen Schicklichkeit und Wonne. Sie rutscht — vor Dankbarkeit jubel ich fast laut: du gute Decke, du verständnisvolle Decke, du zufällig rutschende Decke.
Unsere Hitze trifft sich. Seine Lippen sind weich und schmecken nach Zigarette und Zahnpasta. Wir reiben unsere Körper aneinander, unsere Hände wären zu klein für so viel Luxus. Die gesamte Haut auf einmal

spüren will ich: am Hintern ist sie kühler als an den Oberschenkeln, ein wenig feucht am Bauch. Seidenweich sind seine Schamhaare und niedlich gelockt. Die Brusthare fühlen sich borstig und frech an.
Die unerhörte Unmöglichkeit geschieht. Meine Nackenhaare spreizen sich wollüstig und schockiert. Versteht sich, daß die Beine nachziehen. Ein bißchen vögeln wir. Ich bin ganz heiß und ganz undramatisch und kichere und sage Hallo. Und er antwortet Hallo und kichert. Wir sind ja so intim miteinander! Schweiß auf der Haut. Umso besser gleiten wir umeinander. So heiß! So feucht! So schwül ist meine Möse — wie ein Dschungel an einem Tropenabend. Seine Zungenspitze zwischen meinen Schamhaaren, zwischen vielen Falten, wo meine Lust, meine Wonne beherbergt sind. Mal ist sein Lecken schüchtern und auf der Hut. Dann wird er karnevalistisch und taucht hinein ins Vergnügen. Dann oberlehrerhaft gleichmäßig und glättend. Jetzt werbend und genießerisch. Uns mundet es ungemein. Ich schnuppere zwischen seinen Schenkeln. Ja — vielleicht salzig, auch ein wenig mösig, ein Geruch mit Stil und auf jeden Fall geschlechtlich und immer wieder lecker und erregend. Sein Glied ist pfiffig, braunrosa. Und ganz und gar da — uns zur Wonne. Meine Clit läßt schwesterlich grüßen.
Selbstverliebte Selbstvergessenheit, die Augen tasten umher, in den Ohren wird gesungen, meine Nase wie eine Zunge und meine Zunge wie ein Blick.
Das Vögeln: ein rauschender Ball. Walzer und Tango und unser Geruch ist Champagner und mehr.
Das Lecken: Apocalypse Frau.
Mein Lover, meine Goldhaut, meine Wonne. Unendliche Gunst erweisen wir uns, und ich frohlocke.

Kris

Delikat

Früher Juniabenddämmer. Hungrige Farben des Tages, gesättigt als braunrote Schatten zwischen Stadthäusern. Violetter Asphalt, brüchig, orange aufleuchtend da, wo Licht geblieben war.
Ein kräftig hingestrichenes Bild gezügelter Vorortvitalität.

Ihre hellen, seidig-fließenden Kleider schlugen Wellen im Wind. Untergehakt schlendern die beiden Frauen durch die Rue Meulenbelt. Der Geruch nach reifen Rosen. Sie lachten laut und weckten die Ruhe.

Von außen wirkte es wie ein einfaches Bistro, nur, daß keine Stühle und Tischchen davorstanden. Auf die Scheibe war ein Name gemalt: »Le coq sans peur«, der Hahn ohne Angst, stand da, goldfarben in filigraner Schreibschrift.
Es war ein Lokal für Frauen mit einem, na sagen wir mal, etwas ausgefallenen Geschmack. Unter Parlamentarierinnen wurde die Adresse als Geheimtip gehandelt. Sogar die Küche sollte ganz ausgezeichnet sein.
Die Beiden waren zum ersten Mal hier.
Kaum hatten sie den schweren blutgefärbten Samtvorhang hinter der gläsernen Eingangstür auseinandergeteilt, eilte ein Ober zu ihnen hin. Alt, würdig, eine Spur servil, in Bauchbinde, Hemdbrust und Fliege. »Ein Tisch für die Damen? . . . Darf ich vorangehen? . . . Etwas abseits und nur für Zwei? . . .« Er schien die Wünsche zu kennen, ohne daß sie ein Wort gesprochen hätten.
Sie lächelten und setzten sich in weiche Polster und bemerkten die Eigenart ihres Tisches. Auf staksigen Kranichfüßen hielt er sich, über die Platte mußten Spatzen gehüpft sein, darüber geworfen lag geklöppelte Spitze. Unverkennbar die Hand Meret Oppenheims.

Lüsternheit färbte ihre Stimmen, als sie ein kleines Dessert bestellten. »Bitte«, sagten sie, »es soll nur eine süße Kleinigkeit sein!«
Das war ein Code und der Ober kannte ihn. Diskret entfernte er sich, lautlos im hohen Flausch des Teppichs, der aussah, wie ein zwei Wochen alter Rasen.
Und dann verging eine Weile. Leise sprachen sie vom Verlauf der ersten Experimentalphase, nach Übernahme der Verantwortung. Einige Versuche, sich der Natur wieder anzunähern, waren nicht gut verlaufen, andere hingegen gaben Anlaß zu weitreichenden Hoffnungen.

Und es verging noch eine Weile.

Säuerlich legte sich der kleine Schrecken auf ihre Zungen. Aus einer Tapetentür, ganz in der Nähe, war ein junger Mann getreten. Schmal und kräftig und nackt. Sein Körper strömte die Hitze und den Duft gerade eben erst erlebter Lust aus. Schlanke Hüften umrahmten sein entspanntes Geschlecht. In seinem von wolligen Haaren umwachsenen After stak ein Busch schillernder Hahnenfedern. In der rechten Hand balancierte er auf einem ovalen Silbertablett, das auf jeden Schmuck verzichtete und nur durch Form bestechen wollte, das bestellte Dessert: einen Wackelpudding. Rot, wie geküßte Lippen, zitternd, wie ein neugeborenes Tier. Daneben gelegt zwei ziselierte Löffelchen.
Als er seinen Blick hob, um die beiden Frauen kurz und scheu anzusehen, lag darin etwas Hingebungsvolles. Sanft und geschmolzen seine Frage: »Wünschen Sie, daß ich am Tisch garniere?«

Ein halbes Hinsehen, eine knappe Handbewegung. Wie nebenbei hatten sie ihn angewiesen und ihr Gespräch fortgesetzt.
Dem Jungen lag nun sein Glied hart und groß geworden in der linken Hand. Er hielt es fest umfaßt. Mit langsamen, rhythmischen Bewegungen massierte er sich. Aus dem Vogelmund seiner prallen Eichel trat ein Tröpfchen Geilheit. Scharf zog er die Luft durch die Zähne. Irritiert schauten die Frauen zu ihm hin. Und doch fasziniert und neugierig.
Gerade in diesem Augenblick schob er mit einer hastigen Bewegung das Puddingtablett unter sich, dann stöhnte er laut auf. Die Augen verschleiert, verlor er im Orgasmus die Kontrolle über sich. Er schwankte leicht, als es aus ihm hervorspritzte und er sein pulsendes Glied in die wackelnde Süßigkeit stieß.
Das Tablett fiel zu Boden. Wie aus einer Trance erwachend starrte er auf die roten Gelatinebröckchen, die vermischt mit Samen von seinem Geschlecht über die Hand tropften.

Die Frauen wandten sich enttäuscht ab. Sie hatten sich mehr versprochen. Eine sorgfältige »Garnierung« der alten Schule. Diese nur noch selten geübte Kunst sachgerechter Onanie waren sie bereit gewesen, mehr als angemessen zu entlohnen, so wie es die neuen Verantwortlichen bestimmt hatten, daß die männlichen Minderheiten geschützt werden müßten. Aber der Junge konnte sich nicht beherrschen.

Betreten ging er beiseite, als der Oberkellner herbeieilte. »Die Damen müssen entschuldigen! . . . So peinlich! . . . Er ist noch so jung, nicht ausgelernt . . . Verständnis . . . noch einmal . . . ein Anderer?«
Nein, die »Damen« hatten genug. Sie wollten gehen. Ein letzter Blick auf die zerdrückte »Götterspeise« auf dem Fußboden, dann waren sie wieder draußen auf der Straße.

Sabine Deitmer

Hereinspaziert

Hereinspaziert, meine Damen und Herren,
die Herren zahlen doppelt,
so was ist Ihnen bisher noch nicht geboten worden.

Intimste Geheimnisse, die letzten Schleier werden gelüftet, der Blick auf den Nabel ist gestattet: die Frau das unbekannte Wesen in freier Wildbahn.
Wir zeigen Ihnen Frauen mit und ohne Unterleibern, Frauen mit mehreren Köpfen, Frauen, die an den Geschlechtsteilen noch mit ihren Müttern verwachsen sind.
Bilder, von denen Sie noch nicht einmal zu träumen wagen.
Wir zeigen Ihnen Frauen, die so stark menstruieren, daß ihr Geruch den stärksten Mann umhaut, Frauen, die die potentesten Männer aus allen Erdteilen in den Wahnsinn treiben, da diese ihren ungezügelten Gelüsten nicht gewachsen sind.
Frauen, die nur noch Frauen lieben: hemmungslos, entfesselt. Frauen, die sich bis vor kurzem noch keusch den Blicken der Männer entzogen und hinter einer harmlosen Fassade getarnt haben.
Rothaarige und Brünette, Blonde und Schwarze, Alte und Junge. Frauen mit dem ovalen, ausladenden Becken der Europäerin, dem runden Becken der Amerikanerinnen, dem viereckigen Becken der Mongolinnen und dem keilförmigen Becken der Afrikanerinnen.
Meine Herren, das müssen Sie sehen.
So wird sich die Frau bald überall ungeschminkt in den Kampf der Geschlechter aufmachen. Behaart oder unbehaart, schwarz oder weiß.
Sehen Sie sich diese Frauen an mit ihrer furchteinflößenden Schambehaarung und den langen Krallen von Raubkatzen. Die Vorderzähne haben sie sich spitz zugefeilt und in der großen Zehe sitzt genügend Kraft, um sich damit in dem Tauwerk von Schiffen festzuhalten.
Zwischen den Brüsten trägt jede von ihnen stolz an einer Kette den Totenschädel ihres Mannes, Vaters oder Bruders als glücksbringendes Maskottchen für den Endkampf der Geschlechter.
Sie tun alles mögliche, um sich für diesen Kampf zu stählen. Bei Tag und Nacht trainieren sie an den raffiniertesten und modernsten Geräten, und schon jetzt sind sie allen Catchern und Boxern an Technik und Muskelkraft weit voraus.
Den Zusammenhalt untereinander fördern sie, indem sie stündlich ge-

meinsam orgasmen und so gewaltige Lustschreie ausstoßen, daß das ganze Zelt vibriert.
Erschrecken Sie also bitte nicht und halten Sie sich an den dafür vorgesehenen Seilen fest. Im Interesse Ihrer eigenen Sicherheit ist diese Vorsichtsmaßnahme nötig, da die stündlich aufziehenden Luftmassen die Stärke eines Orkans erreichen können.
Sie sehen, meine Damen und Herren, diese Frauen sind keine Kinder von Traurigkeit:
Einmal im Monat gibt es ein großes Gelage. Da schlachten sie einen Mann, der für seine Tapferkeit gerühmt wird, und nehmen jede einen kräftigen Bissen.
Meine Herren, jetzt bekommen Sie Angst. Das sehe ich Ihnen an.
Und auch Sie, meine Damen, halten es für unmöglich, daß Ihre Schwestern zu so etwas fähig sind?
Kommen Sie herein. Überzeugen Sie sich selbst!
Was, mein Herr? Wie meinen Sie, warum ich für diese Frauen arbeite?
Nun, ich bin ihnen dankbar, daß sie mir schon vor der Machtübernahme die Chance gegeben haben, ihnen meine Loyalität zu beweisen. Ich habe mich freiwillig kastrieren lassen, denn nur *der* Mann hat eine Überlebenschance, der nicht an alten Vor- und Geschlechtsteilen klebt.
Kommen Sie herein. Überzeugen Sie sich selbst!
Zwanzig Mark die Herren, zehn Mark die Damen!
Sie werden Ihren Enkeln erzählen können, daß Sie mit bei den ersten waren, die die neue Rasse Frau, die unseren Planeten in zehn Jahren beherrschen wird, mit eigenen Augen gesehen haben.
Hereinspaziert, meine Damen und Herren.
Sehen Sie selbst, ob ich Ihnen zuviel versprochen habe.
Schauen Sie sich unvoreingenommen um.
Und keine Angst, bei uns ist noch keinem der Schwanz abgenommen worden.
Wo kämen wir denn da hin!?

Mit dem ersten Band, WO DIE NACHT DEN TAG UMARMT, habe ich den Autorinnen und mir Erfolg gewünscht. Die Traumgrenze von 20 0000 Exemplaren ist weit überschritten, die vereinbarten Honorare sind bis zu ihrer Höchstgrenze von DM 500,— pro Beitrag ausgezahlt worden. Inzwischen bereitet der Rowohlt-Verlag eine Taschenbuchausgabe vor und noch diesen Sommer kommt in Holland eine niederländische Ausgabe auf den Markt. Meine Anfangs-Schulden sind alle zurückgezahlt. Der Gewinn aus dem ersten Buch machte die deutsche Ausgabe von Barbaras DIE GETEILTE FRAU möglich. Ich selbst konnte meinen Sekretärinnenjob aufgeben und bin inzwischen im eigenen Verlag angestellt, der mir seit anderthalb Jahren ein regelmäßiges Gehalt bezahlt. Weil DIE GETEILTE FRAU nicht den erhofften Erfolg hatte, bin ich mit dem Verlag wieder da, wo ich 1979 angefangen habe. Mit neuen Schulden starte ich den zweiten Band, bin aber zuversichtlich, daß wieder alles gutgehen wird.
Die Arbeit im eigenen Verlag macht sehr viel Spaß und läßt mir auch viele Freiheiten. So habe ich beschlossen, alle Beiträge, ob Gedicht oder Prosatext, ob lang oder kurz, gleich zu bewerten, für alle Frauen, ob bekannt oder unbekannt, ob im ersten oder im zweiten Band, die gleichen Verträge zu machen.
Ich freue mich darauf, weiterzumachen. Immer mehr Frauen wagen sich mit ihrem Schreiben an die Öffentlichkeit, aus so mancher Schublade kommen plötzlich Texte, witzige, einfallsreiche, phantasievolle — immer mehr Frauen wagen sich ans Schreiben von Erotischem.
Und deshalb, weil es so aufregend ist, was sich da mit den Jahren entwickelt, möchte ich weiter Beiträge sammeln, weitere Erotische Lesebücher für Frauen machen.

Gudula Lorez

An alle Frauen!

Asexuelle, autosexuelle, homosexuelle, heterosexuelle
schickt
Träume, Phantasien, Lüste, Begehren,
Verbotenes, Verborgenes, Verwünschtes, Verrücktes, Verruchtes,
auf daß ein neues Buch entstehe.

Ich liebe das Leben, den Regen, den Wind. Ich liebe Bach, Vivaldi.
Ich liebe Jean-Roger Caussimon, Brel, Brassens, Gréco.
Ich liebe auch Serge Lama, Françoise Hardy.
Ich liebe Kinder, meine Kinder.
In ihren Bewegungen entdecke ich das Leben.
Ich liebe mein Haus und koche gerne für meine Freunde.
Ich liebe es, einen ganzen Abend lang zu lesen.
Ich gehe gern ins Kino und ins Theater.
Ich liebe die Wärme meiner Freunde, ich mache gern Geschenke.
Ich liebe es, hübsch auszusehen und habe Spaß daran.
Ich liebe einen Mann.
Ich bin also eine Frau wie Sie?
Verzeihen Sie diese Beleidigung: ich bin nur eine Prostituierte.

DAS ANDERE GEFÜHL EIFERSUCHT

Geschichten von Frauen

240 Seiten, DM 19,80

„Verspielt und versponnen, und wider Erwarten – oft humorvoll und souverän“ (Courage)

EDITION IM VERLAG GUDULA LOREZ:

Lutze

GEMEINE GEHEIMNISSE

Gedichte und Prosa

104 Seiten, DM 16,80

Renate Guthmann

DAS VOLLE LEBEN

Erzählungen aus der zweiten Welt

160 Seiten, DM 16,80

Guy St. Louis

GEDICHTE EINER SCHÖNEN FRAU

128 Seiten, DM 15,80

VERLAG GUDULA LOREZ GMBH
GOLTZSTRASSE 13 · 1000 BERLIN 30